我的孩子 2 岁了

郭玉琨 ◎ 编著

中国纺织出版社有限公司

内 容 提 要

2岁的孩子和1岁的孩子相比，有了更明显的改变。他们一天一天地成长起来，变得越来越强壮，充满好奇心，让父母看了心生欢喜之余，也产生了更多担忧。

本书以儿童心理学为基础，以独特的视角观察2岁孩子在成长中的表现，为父母解答抚养2岁孩子的各种疑惑，不但有助于帮助父母成为合格且优秀的父母，而且对于孩子的成长也会起到积极的推动作用。

图书在版编目（CIP）数据

我的孩子2岁了 / 郭玉琨编著. ---北京：中国纺织出版社有限公司，2021.3
ISBN 978-7-5180-7880-6

Ⅰ. ①我… Ⅱ. ①郭… Ⅲ. ①婴幼儿—家庭教育 Ⅳ. ①G781

中国版本图书馆CIP数据核字（2020）第175479号

责任编辑：李凤琴　　责任校对：高　涵　　责任印制：储志伟

中国纺织出版社有限公司出版发行
地址：北京市朝阳区百子湾东里A407号楼　邮政编码：100124
销售电话：010—67004422　传真：010—87155801
http://www.c-textilep.com
中国纺织出版社天猫旗舰店
官方微博http://weibo.com/2119887771
三河市宏盛印务有限公司印刷　各地新华书店经销
2021年3月第1版第1次印刷
开本：880×1230　1/32　印张：7
字数：115千字　定价：29.80元

凡购本书，如有缺页、倒页、脱页，由本社图书营销中心调换

前言

在漫长的成长过程中，孩子会经历三个叛逆期，第一个叛逆期就是位于2~3岁期间的宝宝叛逆期。宝宝叛逆期之所以存在，是因为孩子在2岁之后自我意识开始萌芽，他们一方面想要摆脱父母的照顾，另外一方面想要更加独立，所以他们会表现得非常叛逆。很多父母都因为孩子进入叛逆期而感到头疼，但是，陪伴孩子度过2岁对父母而言是非常重要的，并且对于孩子的成长也是很关键的。

有的父母会把2岁称为可怕的2岁，这是因为在2岁的时候，孩子会出现各种行为的异常。这其实并不是不正常的表现，而只是和1岁时的顺从相比，孩子更加有主见，更常常与父母对着干。那么，2岁的异常意味着什么呢？这意味着孩子的成长，也意味着孩子与此前有大不同。

2岁的孩子常常给父母很多惊喜，例如，他们会更愿意和父母沟通，理解能力也更强，会愿意把父母称为"我的爸爸""我的妈妈"。与此同时，他们也会给父母很多惊吓，例如，他们会非常霸道任性，一旦决定了要做什么事情，就要按照自己的想法去做，而不愿意听从父母的劝说。他们常常突然

我的孩子2岁了

说出一些脏话和狠话，甚至还会吹牛。这些语言会让他们感受到一种力量。他们还分不清想象和现实，会把根本没有发生的事情说得活灵活现，就像真的发生了一样。如果父母不能了解孩子在2岁的身心发展特点，那么就会为孩子这些异常的行为举止而担忧。实际上，对于2岁的孩子来说，这些异常的行为举止都是正常的，也是合理存在的。

要想更好地陪伴2岁的孩子，帮助2岁的孩子成长，父母就要了解孩子各种异常的行为举止背后隐藏的深层次的心理原因，这样才能够更加宽容孩子，也才能够全盘接纳孩子。当然，虽然孩子的各种行为都是正常的，但是如果这些行为给孩子成长带来了困惑，那么父母就要想方设法地陪伴孩子度过这个特别阶段。

每一个为人父母者，都希望孩子能够健康快乐地成长，每一个父母都不能够忘记孩子在2岁期间各种各样的表现。如果能够早一些了解孩子在2岁期间将会出现哪些异常的行为表现，将会出现哪些令人惊奇甚至惊吓的改变，那么父母就能够更从容地陪伴孩子度过2岁。

遗憾的是，现实生活中有太多的父母不了解孩子，也不懂得孩子的身心发展规律，所以在陪伴孩子成长的过程中会犯下很多的错误。例如，父母会告诉孩子，一旦受到其他孩子的攻击，就要马上还手，也会告诉孩子要和其他小朋友分享自己所喜欢的玩具或者美食，还会告诉孩子必须做各种事情。看完

这本书之后，父母们就会发现自己给孩子的这些引导都是错误的。以牙还牙并不是孩子与人相处的好方法。对于2岁多的孩子而言，他们刚刚形成物权归属意识，把很多东西都认为是自己的。在这个阶段，强求孩子分享并不利于孩子形成物权归属意识，只会让孩子感到非常困惑，也会让孩子不知道应该怎么办。

对于每个孩子而言，父母都是新手，每个父母在陪伴孩子成长过程中都要坚持学习，不断进步，积累点点滴滴的经验。也许父母不能够做到最好，但是相信在努力之下，父母一定能够做到更好，成为孩子最优秀的父母。

郭玉琨
2020年11月

目录

第01章 "可怕的2岁"来了——你做好准备了吗 // 001

越来越独立，凡事都要"自己来" // 002

孩子为何喜欢自言自语 // 005

孩子爱幻想、说大话很正常 // 010

叛逆的孩子喜欢说反话、唱反调 // 015

孩子为何缺乏耐心 // 020

第02章 了解你的2岁孩子——每个孩子都是独一无二的 // 025

两岁孩子的表现令人惊喜 // 026

两岁半到三岁的孩子处于极端期 // 028

两岁的孩子需要获取安全感 // 030

两岁孩子的顽固、多变是成长的必经阶段 // 033

好父母与孩子斗智斗勇 // 035

第03章 2岁孩子的人际关系——多多鼓励，循循善诱 // 039

让孩子自己决定玩什么 // 040

我的孩子2岁了

不要让孩子沉迷电子产品 // 044

孩子与玩具是好朋友 // 048

鼓励孩子结交朋友 // 052

陪伴孩子一起成长 // 055

第04章 2岁孩子的看护技巧 —— 尊重孩子，多用引导的方式 // 059

约定规矩 // 060

理解孩子追求"一致" // 062

想方设法吸引孩子的注意力 // 065

不和孩子"讨价还价" // 068

告诉孩子关于事情更多的信息 // 070

给孩子机会做出选择 // 073

第05章 2岁孩子的习惯养成

 ——在尊重孩子意愿的基础上制订规则 // 079

了解孩子的饮食偏好，给孩子恰当的饮食 // 080

以孩子喜欢的方式洗澡 // 084

掌握窍门才能哄孩子穿上衣服 // 087

制订规则，让两岁的孩子安然入睡 // 091

对孩子进行大小便训练 // 095

目录

第06章　2岁孩子的心智发展——规范引导、纠正不良个性 //101

孩子为何会自私　//102

家长娇惯，孩子任性　//106

孩子为何执拗，不听劝　//112

孩子好动、故意捣乱，并非多动症　//117

情绪多变的孩子需要宣泄　//121

第07章　2岁孩子进入秩序敏感期
　　　　　——其实孩子是喜欢遵守规则的 //127

孩子喜欢遵守规则　//128

告诉孩子"别人的东西不能拿"　//133

排队玩玩具——帮助孩子建立秩序感　//136

规则面前，人人平等　//140

少说"不"，避免激发孩子反抗心理　//144

第08章　2岁孩子的反常行为——父母要用爱和包容来对待 //147

2岁孩子自我意识萌芽，用"不"宣告主权　//148

求抱抱的孩子需要被爱　//150

改变"折腾大王"　//155

孩子为何突然变"小气"　//159

说脏话、狠话的"力量"　//163

我的孩子2岁了

第09章　2岁的孩子也会焦虑
——安全感是孩子生命发展的必要养料　// 167

分离焦虑，是缺乏安全感的表现　// 168

孩子总爱黏人——内心不安的表现　// 171

不给孩子贴标签——胆小鬼　// 175

"冷漠又孤独"的孩子不受欢迎　// 178

不要"庇护"孩子　// 181

第10章　2岁孩子麻烦事也不少——让我们帮助你一起解决　// 185

孩子吸吮大拇指，还喜欢卷扭头发　// 186

孩子害怕晚上独立入睡　// 189

孩子和玩具熊寸步不离　// 191

孩子说话不清楚　// 194

我的儿子是天才　// 197

孩子不肯独立吃饭　// 199

孩子喜欢咬人　// 202

孩子喜欢赤裸着身体来回跑　// 204

孩子总是与父母作对　// 207

孩子不能与小朋友和睦相处　// 209

参考文献　// 213

第01章

"可怕的2岁"来了——你做好准备了吗

很多父母都把孩子的2岁称为可怕的2岁,那么当可怕的2岁如约而来的时候,父母是否能够做好准备迎接2岁的到来,并且从容地陪伴孩子度过2岁的成长阶段呢?父母是否能够做好准备,不仅对于如何当好父母有很大的影响,而且对于孩子健康快乐的成长也起到至关重要的决定性作用。所以,父母一定不要畏惧2岁的孩子过于顽皮和淘气,而是要未雨绸缪,事先做好充分的准备,这样才能够更从容地与孩子一起快乐成长。

我的孩子2岁了

越来越独立，凡事都要"自己来"

两岁半的娜娜变得越来越独立，与此伴随而来的是她不愿意听从父母的安排，做很多事情的时候都要坚持按照自己的想法去做。对于有些事情，虽然她的能力还不足以独立完成，但是她依然要求独立完成。有的时候，爸爸妈妈好心好意地帮她的忙，她却会为此而大哭大闹，拒绝爸爸妈妈的好意，并且很排斥爸爸妈妈的帮忙。

有一天早晨，娜娜起床的时间有点晚了，因为赶着送娜娜去幼儿园，所以妈妈飞快地帮助娜娜穿好衣服，而且拿出了提前准备好的鞋子，蹲在地上准备帮娜娜穿鞋。但是娜娜并不配合妈妈，她不停地把脚往后缩，口中喊着："我要穿！我要穿！"妈妈抬头对娜娜说："马上就要迟到了。妈妈上班要迟到了！你上幼儿园也要迟到了！咱们必须抓紧时间，妈妈帮你穿上。下次你再自己穿，好不好？"然而，娜娜并不配合，她把脚使劲地往后缩，还伸出双手夺过鞋子扔在地上。妈妈看到这样的情景，只好让娜娜自己穿鞋。娜娜穿鞋非常慢，她先是把左右脚穿错了，接着又把鞋带给解开了。妈妈只好又蹲下去帮助娜娜。看着时间一分一秒地过去，妈妈知道不管是娜娜还是她自己都注定要迟到，也就放弃争分夺秒地赶时间了。

第 01 章
"可怕的 2 岁"来了——你做好准备了吗

两岁半的孩子并不希望别人帮自己做很多事情，他们对于自己的能力非常乐观，相信自己可以独立处理好很多事情。尤其是当父母和往常一样想要帮助孩子的时候，往往会遭到孩子的拒绝。两岁半的孩子有一个口头禅，就是"我要来""我自己做"之类的话。这意味着他们的独立意识越来越强，已经开始发展和成型，凡事都要自己来，这几乎是两岁半的孩子一个非常鲜明的标签。

当然，有一些父母看到孩子凡事都要亲力亲为，因此而耽误时间，总是感到非常抓狂。尤其是在早晨的时候，父母如果赶时间，当看到孩子磨磨蹭蹭地做每件事情，父母就会忍不住

 我的孩子2岁了

催促孩子,也会恨不得代替孩子去做好每一件事情。实际上,在自然界里,很多动物都会锻炼幼小的雏儿形成各种各样的能力。例如,老鹰会要求小鹰从悬崖上飞下去,锻炼小鹰的飞翔能力;鹿妈妈会踢刚刚出生的小鹿,让小鹿尽快站起来。作为万物的灵长,人类的父母当然也应该知道孩子的成长必须亲身去经历很多事情,也必须亲自去做每一件事情,父母不可能为孩子全权代劳,更不可能替代孩子。只有经历这样独立的成长,孩子长大之后才能够拥有独立的主见,才能够更加积极地进行思考,在处理各种问题的时候也能做到果断干脆。

遗憾的是,随着孩子不断成长,很多父母对孩子的认知还局限于孩子小时候,还停留在孩子凡事都需要父母帮助的阶段。他们总是一厢情愿地照顾孩子,对孩子照顾得非常细微,堪称无微不至。这样的照顾对于婴儿来说也许是很有必要的,但是在孩子两三岁的时候,这样的照顾往往显得很多余,尤其是当父母要代替孩子去做的事情,是孩子凭着自身的能力就能做到的事情,那么父母的帮助就更是会引起孩子的反感,遭到孩子的抗拒。

父母必须知道,两岁的孩子具有很强的独立欲望,他们意识到自己是一个独立的生命个体,不想再依赖父母而生存,他们很想赶快摆脱对父母的依赖,独立去做很多事情。父母要认识到这一点,在和孩子相处的过程中也要坚持这一点,给予孩子适度的自由,这样孩子才能够发展自主性,也才能够发展各

第 01 章
"可怕的 2 岁"来了——你做好准备了吗

方面的能力。

心理学领域有一个非常有趣的刺猬法则：当两只刺猬因为寒冷靠得太近的时候，就会被对方身上的刺扎伤；而当它们离开很远的时候，虽然不会被对方身上的刺扎伤，却会感到非常寒冷。最终，刺猬不停地靠近又分开，分开又靠近，在此过程中终于找到了一个最合适的距离，既能够彼此依偎着取暖，又能够相互保持合适的距离。其实，父母与两岁多的孩子之间何尝不是这样的关系呢？虽然父母并不会对孩子张开满身的刺，但是两岁多的孩子会情不自禁地变成一个小小的刺猬，他们既想要靠近父母，又想要远离父母。为了与孩子更好地相处，父母就要把握合适的限度，与孩子之间保持恰当的距离。对于那些孩子有能力去做的事情，父母切勿代劳。一定要知道，不管父母多么努力，都不可能陪伴和照顾孩子一生，与其让孩子将来面对残酷的人生手足无措，不如从现在开始，就给予孩子更多的机会去锻炼各个方面的能力，也借助于孩子自我意识萌芽的时期，培养孩子的独立性，让孩子能够快速地成长。

孩子为何喜欢自言自语

最近这段时间，妈妈发现球球特别喜欢自言自语，尤其是周六日在家的时候，因为爸爸妈妈忙着做家务，处理一些工

我的孩子2岁了

作上紧急的情况，所以球球常常独自待在房间里玩玩具。有的时候，妈妈在忙碌的间隙去看球球，发现球球正对着玩具自言自语。一开始妈妈觉得这非常有趣，但是后来妈妈几次去看球球，都发现球球正在自言自语，妈妈不由得担心起来。

到了中午，大家都在午睡，球球却睡不着，他躺在床上翻来覆去，口中念念有词："睡觉觉，玩球球，找小朋友！"大概的意思就是说：这可怎么办呢？我睡不着觉，我很想起来去操场上玩皮球。我还想去找我的好朋友，但是爸爸妈妈一定不同意。我应该偷偷地跑去吗？我还是应该留在家里乖乖睡觉呢？妈妈闭着眼睛假装睡觉，听到球球长篇大论地说着这些无厘头的话，既想笑又感到担忧。后来，妈妈和爸爸说起这件事情，爸爸也很担心球球："球球会不会有什么心理问题？不如我们带他去看看心理医生吧，或者可以把他的情况告诉心理医生，问问心理医生的意见。"

后来，妈妈把球球的情况告诉了心理医生，心理医生对妈妈说："孩子之所以喜欢自言自语，是因为他们的思维能力和语言表达能力正处于快速发展过程中。在这个阶段，他们在思考的时候，为了强化思考的效果，也为了发展表达能力，会把自己所思所想说出来，这并不是一件糟糕的事情。只要孩子没有出现其他异常的情况，而且自言自语所说的话也是很正常的，那么父母就无须过度紧张。"

两岁多的孩子思维能力正处于快速发展的过程中，但是

第01章 "可怕的2岁"来了——你做好准备了吗

他们的心智并没有真正发育成熟，所以有的时候他们不能很好地控制自己的逻辑思维，而需要借助于语言进行表达，从而帮助自己展开思考。在进行语言表达的过程中，孩子就像是在梳理自己的思路一样，能够把原本非常混乱的思路梳理得更加清晰，这对于孩子而言是很重要的。

从本质上来说，孩子之所以自言自语，实际上是在进行一种说话游戏，只不过他们是对自己表达的，方式是自说自话。很多心理学家都发现，孩子进行自言自语的这种语言游戏，可以有效地促使孩子发展思考能力和语言能力。随着不断成长，孩子的思维能力越来越强，语言表达能力也越来越强，那么他们就不会在思考的时候，把自己的思路用语言表达出来，而是会使其成为一种内部语言，是静默无声的语言。但是这种语言会在他们的心中流淌，就像成人在沉思的时候总是保持着沉默一样。

细心的父母会发现，孩子在自言自语的时候，往往是在做一些事情。例如，很多孩子在玩游戏的过程中会一边说话一边玩游戏，仿佛他正面对着一个对手——电脑。在孩子心中，电脑似乎是活的，正在跟他进行语言沟通。有些孩子在画画的时候也会自言自语，他们在心中构思图画的各种布局，就会在不知不觉间把自己要画的图画用语言说出来。还有一些孩子很喜欢听父母讲故事，每当一个人独处的时候，他们就会把这些故事讲给自己听，这对于发展孩子的表达能力是非常有好处的。

我的孩子2岁了

从心理学角度来说，在自言自语的时候，孩子往往会全神贯注，集中所有的注意力用于表达自己的内心，所以这么做还能够提高孩子的认知水平，增强孩子的学习能力。

对于两岁多的孩子而言，自言自语可以表现出他们在此前的生活中所积累的社会经验。如果孩子已经上了幼儿园，认识了更多的小朋友，那么他们会更加频繁地自言自语。此外，也有心理学家经过研究发现，那些更聪明、智商更高的孩子也会更早地出现自言自语的现象，这意味着他们的思维能力发展很超前，而且语言表达能力的发展也很强。那么具体来说，当发现孩子喜欢自言自语的时候，父母应该怎么做呢？

首先，父母应该多多陪伴孩子，和孩子一起进行亲子游戏，激发孩子的想象力，增强孩子的创造力，帮助孩子形成更强大的学习力。在游戏的过程中，父母需要和孩子进行沟通，那么就可以借此机会训练孩子的表达能力。如果在游戏过程中遇到一些困难，父母还可以多多激励孩子，从而让孩子迎难而上，这对于培养孩子的优秀品质也是非常有好处的。

其次，在孩子自言自语的时候，父母不要感到紧张。如果真的很担心孩子的状况，那么可以认真倾听孩子到底在说些什么；如果发现孩子在自言自语的过程中遇到困难，因而不能够继续说下去，那么父母还可以给予孩子一些提示，也可以帮助孩子丰富知识，开阔眼界。这样孩子在自言自语的过程中，就会有更多的话可以说。实际上，很多孩子自言自语的内容是在

第 01 章
"可怕的 2 岁"来了——你做好准备了吗

重复父母日常生活中所说的一些话，这些话在当时就给孩子留下了深刻的印象，所以当孩子独处的时候，就会情不自禁地把这些话说出来。在此过程中，孩子会激活自己的记忆宝库，让记忆宝库里的各种知识得以重现。

最后，如果孩子自言自语的情况比较严重，常常会沉浸在自己的世界里，对外面发生的一切都浑然不知，那么父母就要对孩子采取适当的干预手段，因为有些孩子之所以自言自语，是因为感到孤独和寂寞，没有人可以进行交流和沟通。如果孩子是因为独处才自言自语，那么父母就要经常与孩子沟通，与孩子交流思想，理解和体会孩子的情绪情感，这样一来，才能避免孩子始终沉浸在自己的世界里，帮助孩子打开心扉与外界交流。

除了和孩子进行互动之外，我们还可以带着孩子进行各种各样精彩的活动，例如，利用周末的时间陪着孩子一起去爬山，带孩子进行各种竞技类项目，鼓励孩子和同龄的小伙伴在一起玩耍。渐渐地，孩子的视野会越来越开阔，他们会认识更多的人，原本内向的性格也会发生改变，变得越来越活泼开朗。当孩子更热衷于与身边的人进行交流，他们就不会再频繁地自言自语。此外，随着年纪的增长，孩子自言自语的情况也会有所好转。

两三岁的孩子正处于思维能力和语言表达能力快速发展的过程中，在此期间，如果他们没有机会和他人沟通，或者是他

我的孩子2岁了

们的思维发展能力很快，使他们无法控制和驾驭自己的思想，那么他们就会采取自言自语的方式来排遣心中的苦闷，梳理自己的思绪。当发现孩子有这样的表现，父母一定不要感到紧张，而是要静下心来观察孩子，发现孩子在成长方面点点滴滴的进步。如果孩子遇到困难，父母就要及时对孩子伸出援手，这样才能够保障孩子的健康成长。

孩子爱幻想、说大话很正常

波波两岁多了，最近这段时间，妈妈发现波波特别喜欢说大话，他不管说什么事情都非常夸张，而且对于自己有不正确的认知，常常过度吹嘘和夸耀自己。如果有小朋友带着玩具在公园里玩，波波马上就会告诉小朋友说自己有一个更大更好的玩具；当看到有的小朋友高兴地唱歌，波波就说自己唱歌特别好听；当看到有小朋友能够连续拍100多下皮球的时候，波波就会说自己可以连续拍1000多下皮球。总而言之，不管周围有什么人或者发生了什么事情，波波总是要把自己说得更加高明和强大，让自己远远超过他人。正是因为如此，在幼儿园里，波波很少有朋友，因为小朋友们都不愿意和他一起玩。

除了喜欢说大话之外，妈妈还发现波波特别喜欢幻想。有一天放学，妈妈接了波波回家，波波对妈妈说："妈妈，今天

第01章
"可怕的2岁"来了——你做好准备了吗

在幼儿园里,我吃生日蛋糕了!"妈妈很惊讶:"幼儿园里怎么有生日蛋糕吃呢?"波波说:"因为今天有小朋友过生日,他带了一个很大很大足足有三层的蛋糕来幼儿园。"妈妈听到波波说得夸张,马上联系老师核实这个情况。然而,老师的回答让妈妈更惊讶了。老师告诉妈妈:"今天根本没有小朋友过生日,而且就算有小朋友过生日,我们也是不允许父母送蛋糕来幼儿园里的。毕竟幼儿园里的食材都是由专人采购的,如果让孩子随便吃幼儿园之外的东西,那么一旦孩子发生问题,我们就说不清楚了!"听到老师的回答,妈妈连连点头,说:"的确,小朋友在幼儿园确实不应该吃幼儿园外面的东西,不过波波为什么会这样撒谎呢?我还以为他会捕风捉影,原来这件事情连影子都没有呀!"老师忍不住笑起来说:"我也发现波波很爱幻想,有的时候他说那些根本没有发生的事情,就像说真的一样。"听了老师的反馈,妈妈很担心波波是否出现了心理上的疾病,她决定带着波波去看看心理医生。

心理医生在和波波进行了一番沟通之后,对妈妈说:"这个孩子思维非常敏捷,头脑非常灵活,他是很聪明的。他的确会有爱幻想和爱说大话的情况,不过对于两岁多的孩子而言,这些都是正常的表现,这是因为两岁多的孩子分不清幻想和现实,他们有的时候非常盼望一件事情发生,就会误以为那件事情真的发生了。这就使父母误以为他们在撒谎,故意说那些没有发生的事情;而说大话就更好理解了,孩子们都会有攀比的

我的孩子2岁了

心理，所以都很喜欢吹牛。尤其是在和同龄的孩子一起玩耍的时候，如果看到其他孩子有某个玩具或者能做到某件事情，他们就会被激发竞争的欲望，因而出现说大话的情况。"在医生的一番解释下，妈妈悬着的心这才落了下来。

对于成人而言，如果说了没有发生的事情，而且把这些没有发生的事情说得跟真的一样，那么就涉嫌在撒谎。而实际上，对于两岁的孩子而言，并不存在真正意义上的撒谎，这是因为孩子的想象力非常丰富，他们非常喜欢幻想，但是又因为思维能力发展的局限，使他们并不能完全区分清楚幻想与现实，也不能区分清楚想象与真实的情况之间有什么区别。所以孩子会把自己的愿望煞有介事地说出来，说得活灵活现，说得简直就像真的发生了这些事情一样。这是因为他们头脑中充满了太多的奇思妙想，也很容易编造出各种各样的事情。甚至对于一些虚构的事情，他们也会把情节说得详详细细、曲折离奇，使人误以为这些事情是真实发生的，而且是孩子亲身经历的。

发现孩子出现这样的情况时，父母切勿给孩子贴上撒谎的标签，也不要认为孩子是在吹牛。两岁多的孩子会无意识地进行幻想和想象，很多心理学专家都认为，孩子充满想象力是一件非常好的事情，将来，他们在艺术和科学领域中也许会有独特非凡的表现。有些孩子在现实生活中得不到满足，就会在幻想或想象中来满足自己的需求和欲望。当然，虽然孩子的幻想和想象是理所当然存在的，但是父母也不要误导孩子，更不

第01章
"可怕的2岁"来了——你做好准备了吗

要采取错误的应对方式使孩子变本加厉。面对孩子的幻想和想象，父母要给予孩子科学的引导，让孩子合理地控制自己的幻想。有的时候，如果孩子的幻想过于离奇，父母还可以和孩子一起分析这个幻想是否能够实现，并且引导孩子以实际为基础进行幻想。

具体来说，面对爱幻想、说大话的孩子，父母应该做到以下几点。

首先，父母要提高孩子的认知水平，孩子只有能够客观公正地认识这个世界，才不会总是说一些大话和不切实际的话，才能够渐渐地改掉吹牛的坏毛病。虽然孩子分不清幻想和

我的孩子2岁了

现实，分不清想象与真实，但这与他们的认知水平是密切相关的。如果父母能够引导孩子提升认知水平，让孩子对于客观存在的世界及各种各样的人和事有清醒的认知，那么孩子说大话的情况就会大大减少。

其次，父母要对孩子进行正确的引导，避免孩子把牛皮吹出大天去。实际上孩子即使才2岁多，他们的自尊心也是很强的，尤其喜欢争强好胜，这直接决定了他们在和同龄人相处的时候，如果看到同龄人有某个好玩的玩具，就会被激发起虚荣心，往往以不正当的方式与同龄人展开竞争。也有一些孩子会因为自己比不过其他孩子而变得非常自卑或自负。在这种情况下，为了孩子的身心健康，父母要正确地引导孩子，让孩子戒掉虚荣心，能够平和地面对很多事情。

最后，父母要认识到，孩子的幻想是即兴和随意的，他们并不是有意地去幻想某个东西，也不是有规划地确定一个时间点，让自己在相应的时间点进行幻想。他们的幻想往往是随机进行的，也许会因为看到了某件事情，或者是受到了某种外界的刺激，他们就会展开想象的翅膀。看到孩子又开始幻想或想象，父母要满足孩子的表现欲，不要禁止孩子想象，毕竟孩子进行幻想能够满足自己的心理需求，所以父母要顺势而为，鼓励孩子展开幻想的翅膀，让孩子有更好的成长和表现。

两岁多的孩子充满了想象力，父母还可以为孩子提供一些优质的图书，让孩子以此为基础进行幻想。例如，父母可以经

第01章
"可怕的2岁"来了——你做好准备了吗

常为孩子读童话故事书,让孩子在童话故事浪漫离奇的情节中得到心理上和情感上的满足。有的时候,父母还可以让孩子复述这个故事,把故事讲给父母听,这样就能够在一定程度上满足孩子对幻想的渴望,也可以提升孩子的语言表达能力。

总而言之,孩子爱幻想,喜欢说大话,与孩子的品质没有任何关系,父母切勿给孩子贴上各种负面标签,也不要打击孩子对于幻想和想象的积极性,而是要认识到孩子的身心发展特点,在此基础上顺势而为地引导孩子,激发孩子的想象力,这对于孩子的成长是很有好处的。

叛逆的孩子喜欢说反话、唱反调

秀秀两岁多了,是一个非常淘气的女孩。最近这段时间,妈妈发现秀秀和小时候的听话截然不同,变得非常叛逆。不管父母说什么,她都与父母对着干,有的时候哪怕父母说得很对,她也会故意与父母唱反调。看到秀秀小小年纪就成为了父母的冤家对头,父母感到很无奈,也不知道应该如何教育秀秀。

有一个周末,爸爸妈妈都在家里休息,趁着爸爸妈妈不注意,秀秀居然把家里的一盆花的叶子都剪掉了。爸爸妈妈午睡醒来之后,看到家里好好的一盆绿萝变成了秃头,只剩下光秃

我的孩子2岁了

秃的根部，不由得抓狂。爸爸当即问秀秀："秀秀，这是不是你干的？"秀秀急忙摆手说："不是！不是！"但是爸爸妈妈都很清楚，家里只有三个人，爸爸妈妈在睡觉，那么这件事情当然是秀秀干的。

傍晚，妈妈正在厨房里做饭，突然听到客厅里传来清脆的瓷器摔碎的声音，妈妈赶紧打开厨房的门查看情况，只见秀秀正一脸惊愕地站在那里，脚下是一个摔碎的陶瓷杯。妈妈赶紧去收拾陶瓷碎片，生怕秀秀被碎片划伤，等到把家里都收拾干净之后，妈妈问秀秀："秀秀，杯子是你打碎的吗？"秀秀赶紧摇头说："不是！不是！"

看到秀秀明明犯了错误却不愿意承认，而且在很多事情上都故意和爸爸妈妈说反话、唱反调，妈妈很生气。她满脸严肃地对秀秀说："秀秀，妈妈再问你一次，陶瓷杯是不是你打碎的？如果你死不承认，妈妈就不喜欢你了。妈妈知道，陶瓷杯就是你打碎的！"听着妈妈严厉的语气，秀秀突然哭起来。看到秀秀哭得那么伤心，妈妈也无可奈何了。

两岁多的孩子为什么喜欢说反话、唱反调呢？是因为他们觉得自己有能力与父母对抗了。两岁多的孩子处于特殊的身心发展阶段——宝宝叛逆期。在漫长的成长过程中，孩子要经历三个叛逆期，第一个叛逆期就是2~3岁的宝宝叛逆期，第二个叛逆期是7~9岁的成长叛逆期，第三个叛逆期是12~18岁的青春叛逆期。青春叛逆期，也是人生之中最长的一个叛逆期，经历了

第01章
"可怕的2岁"来了——你做好准备了吗

青春叛逆期之后,孩子就会从少年时代走向成人时代,所以有人说,青春期是孩子从少年到成人的过渡阶段。

在宝宝叛逆期里,孩子也会有非常叛逆的表现。两岁之后,孩子活动能力越来越强,他们可以不依赖父母就自由地活动,这使孩子渐渐认识到自我的存在,他们不愿意凡事都听从父母的安排。有些事情明明是他们想要去做的,如果父母对他们发号施令,他们就会故意不去做,故意与父母对着干。在这种情况下,父母不要再对孩子发号施令,而是要改变一种方式与孩子相处。

尤其需要注意的是,父母哪怕对于孩子各方面的表现并不十分满意,也不要给孩子贴上固执、任性、不听话这些负面标签。否则孩子就会因为缺乏自我认知能力,而对自己形成错误的认知,他们觉得自己就是父母所说的那个样子。毋庸置疑,当看到孩子与父母唱反调,故意做一些调皮捣蛋的事情,父母当然会感到非常焦虑,也会非常厌烦。在这种情况下,父母一定要控制好自己的情绪,因为如果父母的情绪处于崩溃之中,那么就无法平静地对待孩子,也就无法有效地引导和帮助孩子。父母要知道,孩子在成长过程中会出现各种各样的问题,只要这些问题不是原则性问题,父母没有必要揪着这些问题不放手。毕竟这些问题的出现都是随着孩子进入特殊的成长阶段而出现的,所以父母不要对孩子感到过度的担心,也许随着渐渐长大,这方面的表现会越来越好。

我的孩子2岁了

为了避免激发起孩子的逆反心理，用语言的艺术和家庭教育的艺术来让孩子更加顺从和听话，父母要做到以下几点。

首先，父母要掌握沟通的艺术和技巧，这样才能够有效地缓解亲子之间紧张的关系，也才能够消除各种各样的亲子冲突。仅从表面看起来，孩子仿佛是在故意和父母作对，而实际上，孩子的内心深处非常渴望得到父母的鼓励和支持，所以当父母说往东孩子偏偏要往西的时候，孩子的内心也是非常矛盾和犹豫的。如果父母能够换一种方式和孩子沟通，不要强求孩子一定做某件事情，而是给予孩子更好的建议，或者在孩子坚持做某件事情的时候，先对孩子表示支持和鼓励，然后再找机会说服孩子改变想法，亲子冲突就不会那么频繁地发生，亲子矛盾也就不会那么尖锐。

其次，父母不要每天都对孩子摆出一副非常严肃的面孔。在和孩子沟通的时候可以采取幽默的方式化解沉重的气氛，让沟通更加愉悦，让原本难以完成的任务得到孩子的主动承担。父母既然知道孩子很多时候是在和自己对着干，也知道不管是打骂孩子还是训斥孩子，都不能起到良好的效果，甚至还有可能导致事与愿违，那么就不要在这条错误的道路上继续走下去。父母可以一改严肃正经的面貌，以轻松幽默的方式对待孩子，调节和孩子沟通的气氛，让孩子觉得和父母之间的相处非常新鲜有趣。这样一来，孩子说不定就会从被动接受父母的命令，拒绝父母的安排，到主动接受妈妈的建议，从而产生很大

第01章
"可怕的2岁"来了——你做好准备了吗

的改变。

最后,如果父母非常急迫地想要孩子做某一件事情,那么靠着强求孩子是不可能达到目的的。面对处于宝宝叛逆期、非常叛逆的孩子,父母可以使用一个技巧,那就是正话反说。这样一来,孩子与父母对着干,正好就达到了父母最初的目的。例如,父母想让孩子往东,那么可以让孩子往西,孩子原本是要违背父母的意思往东的,却没想到往东才是父母真实的意图,这样与孩子进行斗智斗勇的游戏,不但是陪伴孩子成长的一种乐趣,而且也能够帮助父母提升智力水平,学会如何与孩子友好地相处,这对于改善亲子关系、增进亲子感情是非常重要的。

需要注意的是,这个方法并不适宜频繁地使用,也不适宜对比较大的孩子使用。这是因为孩子也是非常聪明的,如果父母每次都用这样的招数,也许前期每次都能得逞,但是随着父母真实的意图被孩子识破,他们就会不愿意再配合。此外,对于大一些的孩子来说,他们的理解能力更强,也会更容易洞察父母的真实意图,那么这个方法也就从杀手锏变得无效了。父母要慎用这个正话反说的方法,不到万不得已的时候,最好不要用这个方法来对待孩子,毕竟人和人相处要讲究真诚和友善,而能够打开心扉,坦诚相待,正是真诚友善的表现之一。即使父母和孩子之间有着血缘关系为基础,非常亲密,也不能够违背普通人相处的原则,而是要坚持人际相处的原则,才能

更好地与孩子交流和互动。

孩子为何缺乏耐心

　　两岁半的晨晨是个不折不扣的急脾气,不管做什么事情他都非常着急,恨不得当时就能够获得想要的结果。当他在坚持努力了一段时间之后,如果并没有得到想要的结果,他就会想放弃。所以爸爸妈妈经常说晨晨做事情只有三分钟热度,这既是调侃晨晨,也是晨晨的真实写照。

　　一天傍晚,爸爸妈妈带着晨晨一起吃了美味的凉面之后,晨晨要和爸爸下五子棋。爸爸把五子棋拿出来,晨晨选择使用白色的棋子,才下了三盘,晨晨就输掉了两盘。他非常生气,当即把棋弄得乱七八糟,怒吼道:"不,不玩儿了,不玩儿了!"爸爸很尴尬地对晨晨说:"你才输了两盘而已,还有机会赢啊,现在就不玩儿了,那就彻底输了!"晨晨生气地哇哇大哭起来,妈妈听到晨晨大哭,训斥爸爸:"赶紧收起来吧,你怎么就爱逗弄孩子!让你带一会儿,你就要招惹他哭!"

　　下五子棋活动就这样不欢而散,过了没多会儿,晨晨又要求爸爸讲故事给他听。晨晨挑选了一本厚厚的故事书,爸爸和晨晨一起坐在沙发上,爸爸开始绘声绘色地给晨晨讲故事。然而,爸爸才讲了几句,晨晨就对爸爸说:"停,停!我要去玩

第01章
"可怕的2岁"来了——你做好准备了吗

游戏!"爸爸非常无奈:"你不是要听故事吗?这个故事才讲了几句呢,你就不听了吗?"晨晨说:"我不管,我不管!我就要玩游戏!"就这样,晨晨又跑去玩游戏了。但是,他坐在电脑前才玩了五分钟游戏,还没有把板凳坐热呢,就又跑开去玩水了。

看到晨晨一个晚上一直在折腾,一会儿做这件事情,一会儿做那件事情,爸爸感到很无语,对妈妈说:"这个孩子可真是没有耐心啊!将来上学可怎么办呢?"妈妈不以为然地说:"树大自直,说不定到时候学习还非常好呢,你就等着儿子给你脸上增光吧。"爸爸无奈地摇头叹息着。

对于两岁多的孩子而言,他们能保持专注力的时间是非常短暂的,而且他们对外部的世界感到非常好奇。每当看到新鲜的事物,他们就忍不住要去亲自尝试,努力探索,这使得他们在做很多事情的时候都表现出缺乏耐心的特点。刚开始的时候,他们也许非常积极地想要做一件事情,而且充满了热情。但是在做了几分钟之后,他们的热情就消耗殆尽了,他们失去了耐心,因此只能放弃做这件事情,转而去做其他事情。心理学家经过研究发现,三岁左右的孩子通常只能在十分钟的时间里保持专注力,可想而知,两岁多的孩子专注力保持的时间更短。

除了因为年龄小,孩子保持专注力的时间短暂之外,父母对孩子的教育方式,也会影响孩子专注力保持的时间。例如,

021

我的孩子2岁了

有很多父母在孩子专心做某件事情的时候,往往会打断孩子,长此以往,孩子专注力保持的时间就会越来越短暂。此外,也有一些父母在日常生活中遇到困难的时候,会情不自禁地想要放弃,这同样会给孩子带来负面的影响,孩子会在不知不觉中模仿父母,在面对困难的时候也选择畏缩和退却。这样一来,孩子又怎么能够有毅力、专注地做好各种各样的事情呢?

那么,父母要怎么做才能够培养孩子的专注力,让孩子更有耐心地对待每一件事情呢?

首先,父母要为孩子营造良好的环境。这个环境中应该尽量减少诱惑因素。毕竟孩子的注意力是很容易分散的,如果周

第01章
"可怕的2岁"来了——你做好准备了吗

围的环境里有很多诱惑的因素,那么孩子就很难全神贯注地做某件事情。在孩子做事情的时候,父母要保持安静,可以陪伴在孩子身边,也可以做自己的事,但是要注意不能发出声音吸引孩子的注意力,也不能够做一些孩子想做而不能做的事情让孩子着急。只有在安静简单的环境中,孩子才能够始终保持专注力,也才能够坚持去把该做的事情做完。每做完一件完整的事情,孩子都能够获得成就感,这样下次孩子在做一些事情的时候,才会具有更强大的动力,继续坚持下去。

其次,在孩子做某件事情的时候,不管这件事情多么简单,父母都应该对孩子提出一些具体而又明确的要求。很多孩子做事情之所以半途而废,是因为他们不知道自己要努力达到怎样的结果,所以他们在事情做到一半遇到困难或者是失去热情的时候,就会轻而易举地放弃。如果父母能够对孩子提出明确的要求,也能够让孩子更加全力以赴地做事情,那么孩子就会在做事的过程中保持一种持续的力量,即使遇到困难,他们也能够战胜困难。至少在遇到困难的时候,他们会得到目标的指引,不会轻易放弃。

耐心是需要培养的,并非与生俱来的。为了让孩子更有耐心,在培养孩子成长的过程中,父母要有意识地锻炼孩子的耐心。例如,父母可以和孩子一起做一些有挑战性的事情,比如对于幼儿来说,比较受欢迎的串珠游戏还是有很大难度的,毕竟孩子的手部精细动作还没有发育好,所以在做这个游戏的过

程中，孩子的耐心会得到锻炼。

　　此外，在日常生活中，父母不要只顾着工作，而是要把更多的时间和精力用来照顾孩子。尤其是在孩子做一件艰巨的任务，却因为困难重重想要放弃的时候，父母要鼓励孩子继续坚持下去。当看到孩子的心思动摇的时候，父母要及时提醒孩子，并且对孩子提出一个明确的预期，让孩子通过努力来达到目标，这样孩子就能够保持注意力的专注，从而把事情坚持到底，做到最好。

　　在这个世界上，没有任何事情是可以一蹴而就获得成功的。对于孩子而言，要想做成一件事情，因为自身能力的限制和经验的匮乏，他们需要更加坚持、更加努力。作为父母，在和孩子一起成长的过程中，要让孩子明白这个道理。所谓从小看到老，如果孩子从小就表现出有决心、有毅力，也能够迎难而上，在长大之后，他们在面对各种艰巨的任务时就会有更加优秀和出色的表现。

第02章
了解你的2岁孩子——每个孩子都是独一无二的

每个孩子都是独一无二的生命个体,2岁的孩子似乎是这个世界上另类的存在。很多父母都觉得2岁的孩子是最讨人喜欢的,很好照顾,而且性格温和,也有很多父母的感受恰恰相反,他们觉得2岁的孩子是最让人可怕的,他们性格执拗,固执己见,不愿与父母配合。那么,到底哪一种父母的体验是更为正确和接近真相的?只有了解2岁孩子,父母才能够渐渐地找到答案。

我的孩子2岁了

两岁孩子的表现令人惊喜

孩子在两岁的时候,虽然距离一岁九个月只过去了三个月的时间,但是他已经有了非常明显的进步。在一岁九个月的时候,他可能还非常固执,容易冲动,但是到了两岁的时候,他变得很勇敢,面对那些难于实现的任务,他能够有效地激励自己,也不会再因为害怕而轻易当逃兵。在遇到坎坷和挫折的时候,哪怕父母并没有激励他们,他们也能够很快地为自己找到坚持的理由,鼓励自己继续努力去做。举个简单的例子,一岁九个月的孩子摔倒了之后也许想哭,但是两岁的孩子在摔倒之后却会观察各个方面的情况,然后尝试着站起来,甚至还会拍拍身上的泥土,继续前行。

父母都曾经与一岁孩子进行过沟通,也许并不那么顺畅,但是两岁的孩子性格越来越温和,他们的理解能力也得到增强,相比起一岁的孩子需要细致入微的照顾,两岁的孩子可以相对独立地生活,并且不需要任何事情都依赖父母了。在这个过程中,他们似乎开始体谅父母的辛苦,开始更深沉地热爱父母。最让父母感动的是,孩子在两岁之前称呼爸爸妈妈为爸爸妈妈,在两岁之后,孩子会自豪地和别人说起"这是我爸爸,这是我妈妈"。他们很强调这个称呼,似乎父母是他的私有财产,而父母恰恰非常享受这样的称呼，也很享受孩子这样霸道自私的爱。

和一岁孩子的情绪冲动相比，两岁孩子的情绪更加平和，他们更容易感到满足，在很多情况下都能控制好自己的情绪。他们也开始学会积极主动地表达自己对父母的爱，会对父母做出一些亲密的举动和说出一些甜蜜的语言。在这个阶段里，父母与孩子之间的关系非常单纯和美好，父母对孩子付出，孩子给父母爱的回报。

两岁的孩子开始与自己相处，他们认识到自己与这个世界并不是浑然一体的，而是独立的生命个体，所以他们更积极地表达自己的需求。有一个非常奇怪的现象是值得父母关注的，那就是孩

子们在说起自己的时候，会以名称来称呼自己，例如，琪琪吃饼干，佳佳要吃巧克力，这样的方式是他们自我意识觉醒的表现。

两岁的孩子各方面的能力都得以增强，在家庭生活中，他们可以更好地照顾自己，而且会给全家人都带来很多快乐。他们非常乐于帮助父母做一些力所能及的事情，例如，在傍晚下班的时候，他们会奔跑；在妈妈需要喝水的时候，他们拿着水杯颤颤巍巍地接水给爸爸妈妈喝。他们心情愉悦，情绪平和，对生活中的很多事情都怀着感恩的态度，他们观察着周围的世界，也以宽容的态度接纳一切。对于两岁孩子这些令人惊奇的表现，父母都要抱着坦然的心态去接受，因为这些行为表现和各种各样的变化，正意味着孩子的成长。

两岁半到三岁的孩子处于极端期

很多父母都觉得两岁的孩子和一岁的小孩子相比，性格变得非常温和，因而觉得生活似乎都变得非常美好。但是令父母没有想到的是，这样的温和只能持续很短暂的时间，孩子到两岁半前后情绪就会大变。他会变得非常倔强任性，情绪波动很大，而且有些孩子还会出现暴躁的行为表现，这使得父母在短时间之内无法适应孩子的巨大改变。很多父母都因为家有两岁半的孩子而感到抓狂，他们不知道如何照顾孩子，也不知道如何应对孩子的固执己见和反复多变。

两岁半到三岁的孩子处于成长的特殊时期，非常叛逆。他们不但会抗拒父母，还有可能违背自己的意愿，自己和自己较劲。例如，孩子原本想吃苹果，却非要违拗自己的意思，选择吃香蕉；孩子原本想要红色的衣服，最后突然背道而驰选绿色的衣服；孩子原本很愿意做某一件事情，却因为得到了父母的建议，所以又拒绝做这件事情。你会发现，两岁半的孩子正处于螺旋式上升中，很多行为表现看似与一岁半的孩子相重合，实际上已经上升了一个层次。他们又出现了一岁半阶段的任性固执，在极端矛盾的情况下探索这个世界。父母也许会为他们的固执感到为难，但是应该支持孩子，陪伴孩子度过成长过程中必须经历的阶段。

这当然是一个非常难熬的阶段，但是这是孩子成长的必然。父母要端正心态，认识到这个阶段总会过去，而且这个阶段并不会持续很长的时间。只要父母始终陪伴在孩子身边，与孩子一起成长，那么孩子很快就能成长起来，坚定地做出正确的选择，这对孩子而言是巨大的进步。

两岁半的孩子除了对一切都要求一致，希望一切都能够保持秩序感之外，他们还很害怕做出选择。尤其是在选择比较多的情况下，他们往往会陷入进退两难之中，很多时候，他们无法区分不同选项的利弊，虽然花费了很长时间才能够下定决心做出选择，但是要不了多久，他们又会陷入懊悔之中。如果父母带孩子去超市买东西，那么就会看到孩子表现出来的选择困难症状，例如，孩子既想要草莓味道的夹心饼干，又想要蓝莓味道的夹心饼干。如果父母不能同时给他们买这两种饼干，而要求他们只能选择其中一种，他们就会在这两种饼干之中犹豫不定，很痛苦地进行思考。在这种情况下，孩子也许会试图让父母为他们购买两种饼干，但是却遭到父母的拒绝，所以他们不得不继续艰难地选择。

为了帮助孩子，父母可以引导孩子去思考两种饼干的不同。在父母的分析之下，孩子也许能够尽快做出选择，但是他们很快就会感到懊悔，这是因为他们不知道自己的选择是否正确，也不知道自己是否应该坚持这样的选择。

两岁的孩子是一个小小的矛盾，他们对于自己的很多想法都并不确定，所以父母要给予孩子积极有效的引导，也要帮助孩子在各种选项之间进行理性的权衡，这样孩子才会有更好的成长表现。

两岁的孩子需要获取安全感

很多父母都称呼两岁的孩子为小霸王、小魔王或者是调皮捣蛋大王、调皮鬼等。这些称呼显然都表现出孩子的特点，那就是麻烦、固执、任性、独断，不愿意听从父母的命令。那么，孩子为何会做出这样的表现呢？很多父母对孩子行为背后隐藏的心理原因都不明确，也不能够理解孩子为何要做出这样的行为。其实对于孩子来说，他们之所以固执不听话，就是为了寻求安全感。

在两岁之前，大多数孩子都认为自己与外部世界是浑然一体的，他们也认为自己与父母是一体的，所以会对父母的一切指令都表示顺从。但是到了两岁之后，孩子的自我意识逐渐形成，他们这才意识到，世界那么大，那么复杂多变，他们希望能有自己的小小天地。在这个天地里，他们可以自己做主，能够独立决定很多的事情。只有这样，他们才能够获得安全感，也才能够感到踏实。

人是群居动物，孩子也不例外。两岁的孩子很容易感到情绪紧张，尤其是在情绪冲动的时候，他更是会做出夸张的行为表现。例如，两岁的孩子说话常常会结结巴巴，尤其是那些平日里说话速度比较快、思维活跃的孩子，一旦感到紧张，就会出现结巴的情况。有些孩子在紧张恐惧的情况下，会情不自禁地咬自己的手指头，就是因为他们对于自己的表现不够满意，也很担心自己会把事情搞砸。还有一些孩子平日里性情温和，但是在遇到一些不起眼的小事时，却突然情绪暴怒，大发雷霆。对于孩子来说，这当然是非常糟糕和可怕的。面对孩子这样的表现，父母往往不能够理解，不知道曾经温柔可爱的小淑女和曾经如同绅士一样彬彬有礼的小帅哥，为何突然之间就变成了小魔头，甚至变成了暴君呢？父母要更加了解孩子的身心发展规律，也要了解孩子在两岁之后的身心发展特点，这样才能够宽容、理解和接纳孩子。

两岁的孩子最喜欢说的话是"我"。他们用"我"来强调自己是一个独立的个体,用"不"来明确自己的主权,宣告自己独立的权利。面对父母的各种命令和安排,他们频繁地说起"不要",就是为了与父母对他们的强制要求做对抗。所以父母在对孩子说话的时候,要尽量对孩子减少命令,而要多多尊重孩子,给孩子选择的自由,这样就能够减少孩子说"不要"的机会。父母在和孩子说话的时候,要尽量少说否定句,也尽量不要用"不"来刺激孩子,可以使用肯定的句式来进行表述,告诉孩子具体来说应该怎么做,这样才能对孩子起到切实有效的指导作用。

对于孩子宣示主权的行为,对孩子形成物权归属的意识,父母都要给予尊重。当孩子不愿与他人分享的时候，父母不要强求孩子；当孩子对父母的要求接连不断地说出"不要"的时候，父母也不要强制要求孩子。只有尊重孩子，给予孩子更大的成长空间，让孩子在自由的环境中快乐成长，孩子才能获得安全感。

两岁孩子的顽固、多变是成长的必经阶段

显而易见，两岁的孩子是非常简单直白的，他们非常单纯，非常纯粹，他们想哭就哭，想笑就笑，还不懂得掩饰自己的情绪，也不懂得中庸之道。也许前一刻孩子还在哈哈大笑，后一刻就突然之间沮丧起来，眼睛里含着泪水，撇着嘴巴，表现出无限委屈的样子；也许前一刻孩子还充满了信心，觉得自己可以完成很多伟大的事情，后一刻却偏偏要得到父母的帮助，表现出无助模样；也许孩子前一刻还渴望独立，不想接受父母的安排，后一刻却又希望得到父母无微不至的照顾。面对孩子的矛盾和多变，父母往往感到无所适从。

孩子的矛盾不仅仅表现在精神方面，也表现在生活的方方面面。例如，有的时候两岁多的孩子会突然吵闹着要吃某样东西，但是当妈妈辛苦地把这个东西做好或者准备好之后，他却又不想吃这个东西了。如果妈妈正在忙着做某件事情，孩子平日里都能够自己吃饭，此刻却偏偏要让妈妈喂他吃饭。等到妈妈闲

我的孩子2岁了

下来有时间喂他吃饭的时候，他又要坚持自己动手吃饭。看到其他小朋友有而自己没有的玩具，孩子往往非常羡慕，他恨不得动手去抢，为此和小朋友们之间发生矛盾。但是等到真正拥有这件玩具的时候，他又完全不稀罕这些玩具，也许连看都不看一眼，就扔到旁边去了。孩子为何会有这样的表现呢？这是因为他们的自我意识越来越强，他们想要证明自己的存在，想要证明自己是有能力决定很多事情的，所以他们会出现这样反复变化的情况。

在家庭生活中，孩子还常常会与爸爸妈妈处于对抗的状态。例如，爸爸正在为孩子做一件事情，做得非常好，也很顺利，但是孩子却坚持不让爸爸做，而要求妈妈为他做。面对孩子这样的挑剔行为，父母常常会感到头疼。等到父母想要齐心合力帮助孩子做好某一件事情的时候，孩子却要求自己去做。实际上，大多数孩子心里都更亲近妈妈，在有需求的时候，他们都会求助于妈妈，这是因为他们天然地与妈妈更亲近。

作为两岁孩子的照顾者和监护人，爸爸妈妈常常抱怨两岁半的孩子真的不好教育，不好管教。虽然他大多数时间里都能够给父母带来快乐，但是当他出现各种复杂的变化时，会出现反复无常的情况，父母又会觉得无法应对。父母要认识到，不管孩子如何变化，这些变化都是他们成长过程中必然要经历的阶段，父母应该怀着坦然的心情去接受这些变化，而不要总是指责孩子，更不要要求孩子必须按照父母的意思去做每一件事情。父母要认识到，孩子毕竟只有两岁，所以不要对孩子提出过高的要求，而是要尊重孩子的天性，也要给予孩子自由的空间去成长。如果两岁的孩子各方面的表现都像一个成人，这一定是反常的，也意味着孩子某些方面出现了问题。孩子的成长是一个漫长的过程，在不同的阶段会有不同的表现，父母只有完全接受孩子的这些表现，才能够真正心平气和地陪伴孩子成长。

好父母与孩子斗智斗勇

除了复杂多变，情绪波动大之外，孩子还有一个很明显的特点，那就是他们最喜欢问为什么。他们简直就是家庭生活版的十万个为什么。不管父母说什么话题，或者提出什么疑问，孩子马上就会以一连串的为什么作为对父母的回应。那么，当父母对孩子的为什么感到抓狂，也不知道如何回答孩子的问题时，就会对孩子敷衍了事，或者训斥孩子不要胡思乱想。其实，父母这样做是对孩子学习力的扼杀。

明智的父母知道，如果能够抓住孩子问为什么这个契机，把孩子引领进入学习的新境界，那么就能够培养孩子的学习力，激发孩子对学习的兴趣。要知道，孩子之所以问为什么，除了表达对父母的质疑和反抗之外，更是对于知识的渴求。孩子心中有疑惑，才能够积极主动地学习很多知识。如果孩子对任何事情都没有兴趣，不愿意提问，那么也就意味着孩子失去了学习力，更不具备学习的主动性。

在两岁孩子的眼中，一切的事物都非常新鲜有趣，所以父母要经常带孩子去看这个美好的世界，带着孩子去见识不曾见识过的事物，认识不曾认识的人。在日常生活中，父母也要经常和孩子沟通，给孩子讲一些新鲜有趣的事情，还可以和孩子一起经历更多与众不同的经历，这对于开发孩子的智力，激发孩子的成长潜能都是非常有好处的。

有些父母会发现，孩子虽然年纪小，但是心眼可不少。有的时候为了得到他们想要的东西，孩子会想方设法地设圈套给父母钻，他们如同八仙过海，各显神通，使出自己的独门大法，目的就是为了得到自己想要的东西。在此过程中，父母可以和孩子斗智斗勇，这是陪伴孩子成长过程中的一个额外的大福利，因为这是一件非常有趣的事情。

平日里，妈妈限制琪琪看电视的时间，每天，琪琪只能看半个小时电视。有一段时间，琪琪迷上了看《冰雪奇缘》的电影，但是《冰雪奇缘》电影要一个多小时呢，琪琪每次只能看半个小时，所以常常感到意犹未尽。

周末，琪琪和爸爸妈妈来姑姑家里做客。琪琪看到妈妈和姑姑相谈甚欢，突然问姑姑："姑姑，你想看电视吗？"妈妈忍不住笑起来，对姑姑使了个眼色，姑姑马上回问琪琪："琪琪，你为什么要问我这个问题呢？"琪琪眼珠子滴溜溜地转了一下，说："我就是想问问你看不看电视。"看着琪琪期盼的

第 02 章
了解你的 2 岁孩子——每个孩子都是独一无二的

眼神,姑姑忍不住回答琪琪:"看!"琪琪马上对妈妈说:"妈妈,姑姑要看电视,快把电视打开吧。"妈妈非常配合地打开电视,琪琪接着问姑姑:"姑姑,你喜欢看《冰雪奇缘》吗?"姑姑点点头,琪琪兴高采烈地让妈妈播放冰雪奇缘的电影,就这样,小机灵鬼琪琪理所当然地打开了电视机,开始看《冰雪奇缘》。其实,爸爸妈妈和姑姑早就识破了琪琪的诡计,但是他们很乐意配合琪琪,让琪琪得逞,这说明琪琪非常聪明,已经可以开动脑筋来想办法解决问题了。

对于家有两岁孩子的父母而言,在陪伴孩子成长过程中与孩子斗智斗勇,这是一个额外的福利,毕竟亲眼看到孩子的智

力不断得到提升，而且能够运用智慧来解决很多问题，这是让父母感到欣慰的事情。当孩子对父母提问的时候，父母一定要做到以下几点。

首先，父母要积极地回答孩子的问题。很多父母看到孩子提出千奇百怪的问题，总是很不耐烦，觉得孩子是在故意刁难父母，甚至因此而训斥孩子。其实这对孩子的学习力是一种挫伤和打击。有些时候，孩子提出的问题的确让父母很难回答，这没关系，父母要积极地回答孩子的问题，遇到不会的问题，可以和孩子一起寻找答案。对于孩子而言，学会寻找答案，比知道问题的答案更加重要，这对孩子未来的成长也是非常有益的。

其次，在和孩子沟通的过程中，父母也可以多多问为什么，来激发孩子的思考力。很多孩子因为平时依赖父母习惯了，所以他们在遇到难题的时候也会向父母寻求帮助，而不会积极地问自己为什么。那么，父母要用为什么叩开孩子的心扉，激发孩子的思考力，让孩子遇到问题的时候积极地思考，这样孩子才会有更强的学习表现。

最后，父母要多多和孩子沟通，也要和孩子探讨一些问题。生活中总有各种各样的问题出现，如果总是扮演问题终结者的角色，那么就会被很多问题难住。只有积极地回答问题，积极地思考问题，才能够在解决问题的过程中有所收获，得到进步和成长。两岁多的孩子正处于智力快速发育的阶段，父母要抓住这个契机对孩子进行智力开发，这对孩子的成长是极其有好处的。

第 03 章

2 岁孩子的人际关系——多多鼓励，循循善诱

　　2~3 岁是孩子的叛逆期，父母要想陪伴孩子顺利地度过叛逆期，就一定要多抽出时间来陪孩子一起玩。对于孩子而言，玩耍就是学习，尤其是在和同龄人交往的过程中，孩子会发展人际关系，也会遭遇很多人际交往的困境。父母更要多多鼓励孩子，对孩子循循善诱。每个人都是社会的一员，都不可能离开人群独立生活，所以人际交往的能力是一个非常重要的能力，也是孩子必须具备的能力。

让孩子自己决定玩什么

很多妈妈都自以为是最了解孩子的人,毕竟她们十月怀胎,辛辛苦苦地把孩子生下来,又没日没夜全身心投入地照顾孩子,她们知道孩子的哭和笑分别代表着什么,也知道孩子需要怎样的关心和照顾。正是在妈妈细致入微的照顾下,孩子才能渐渐地成长。然而,等到孩子渐渐地长大,妈妈有一天却突然发现她们对孩子而言成为了最熟悉的陌生人,这是因为孩子在成长之后变得非常不同。曾经对妈妈而言非常熟悉的孩子,却突然之间变得陌生,这让妈妈很不适应。尤其是两岁多的孩子,才刚刚能够自由地行动,就开始与妈妈作对。妈妈让他玩什么,他偏偏不玩什么;妈妈不让他玩什么,他偏偏要玩什么。他们有时候还表现得非常执拗,故意与妈妈对着干,这让妈妈感到非常迷惘,也不知道如何应对孩子,更不知道怎样与孩子相处。

在孩子两三岁之间,父母与孩子之间的关系会从之前的和谐融洽,进入到一种完全不同的状态,甚至会有剑拔弩张的意味,这是因为父母总是想把自己的意愿强加给孩子,而孩子又形成了自己的主见,所以不愿意听从父母的安排。很多父母对于孩子事无巨细地关心,哪怕是孩子玩什么,父母也要给孩子做好安排。父母不知道的是,自己感兴趣的各种玩具或是游乐场的项目,孩子未必感兴趣。如果父母想不明白这一点,依然很执拗地要求孩子对他们言听计从,就无异于是在自寻烦恼。

面对着与自己的指导背道而驰的孩子,父母往往会感到非常委屈,也会牢骚满腹。父母真心真意地给孩子提出建议,孩子根本不屑一顾,父母还会觉得孩子不识好歹,指责孩子不理解父母的苦心。实际上,父母正是在打着爱的旗号强求孩子,让孩子按照父母的指令去做一切事情。对于孩子来说,这当然是很难接受的。父母子女一场,父母在把孩子抚养长大之后,接下来要做的就是学会对孩子放手。即使只是对于两岁多的孩子,父母也要学会给孩子一定的权利去自主选择,这样亲子关系才会更加和谐融洽。

孩子天生就很爱玩,在玩这件事情上,孩子很清楚自己对什么样的游戏感兴趣,也很清楚自己想玩什么玩具。当孩子在玩耍的时候,父母切勿对孩子指手划脚,而是要给孩子更大的自由,让孩子自己尽情尽兴地玩耍,这才是孩子真正需要的。还有一些父母因为担心孩子的安全问题,常常会限制和禁锢孩子的行动,却不知道在这么做的过程中会让孩子扫兴,不能够全身心投入地去玩。这样一来,孩子怎么可能玩得开心呢?

周末,妈妈带着宁宁去游乐场里玩。游乐场里有很多游乐设施,还有很多家里没有的大型玩具。来到游乐场之后,宁

我的孩子2岁了

宁非常兴奋,看到每一个游戏项目都跃跃欲试,很想亲自去玩一玩。当然,妈妈很愿意宁宁多多尝试,这也正是她带着宁宁来游乐场的目的。为此,妈妈兴致勃勃地带着宁宁去玩她认为有趣的游乐项目。一开始,宁宁还遵从妈妈的意愿,玩了几个游乐项目之后,宁宁就与妈妈展开了拉锯战。妈妈拉着他往东走,他偏偏要往西去,妈妈拉着他往南走,他偏偏要往北逃,这是为什么呢?

看到宁宁这么执拗,妈妈越来越不高兴,生气地对宁宁说:"你这个孩子怎么回事啊,我好心好意带你来游乐场玩,你根本不知道哪些项目好玩,还不听话!"妈妈也非常固执,

坚持要宁宁玩她看中的游戏项目，结果宁宁哇哇大哭起来，原本应该愉快度过的一天，就这样以怒气冲冲而结束。

每个孩子都喜欢去游乐场玩，哪怕孩子只有两岁多，对于游乐场里很多的大型项目都不敢尝试，但是他们依然很喜欢游乐场，因为游乐场也有很多适合小宝宝的游乐项目。到了游乐场之后，作为父母，切勿表现得比孩子更加兴奋，要知道既然是带孩子来游乐场玩的，父母就不要喧宾夺主。很多两岁多的孩子只钟情于其中的某一个游乐项目，或者只喜欢某一个大型玩具。他们会在这个游乐项目或者玩具上花费大量的时间，甚至花费一整天的时间，那么父母难免会觉得很不值得，也觉得花那么贵的门票，孩子只玩了一两个项目，简直是在浪费钱，因而拉着孩子离开，强求孩子去玩很多项目。其实，父母这样的想法是本末倒置了。所谓不忘初心，方得始终，父母要知道自己带孩子来游乐场的目的是希望孩子玩得开心，感到快乐。

在实行通票的游乐场里，很多父母看到孩子只玩一两个项目会觉得吃亏，所以总是会催促孩子尝试更多的项目。这样一来，会让孩子的游乐感受大打折扣。实际上，一个东西是否有价值，并不是由它本身的价值决定的，而是由于它给孩子所带来的感受决定的。孩子哪怕只玩儿一个非常简单的项目，或者在游乐场里闲逛了半天，但是他很开心，那么这就是值得的，所以父母要端正心态，不要总是试图影响甚至是操控孩子做出选择。

明智的父母不但不会影响孩子做出选择，还会参与到孩子的选择中去，陪着孩子一起玩。有了父母的陪伴，孩子当然会更加开心。父母一定要记住，在游乐场里，孩子才是真正的主角。父母也许是花钱买门票的人，但是却并不能代替孩子在游乐场里玩耍。父母应该摆正位置，成为孩子的小跟班，为孩子提供后勤服务，而不要强求孩子去玩父母喜欢的游戏项目。不管孩子喜欢玩哪一个游乐项目，只要这个游乐项目是两岁多的孩子可以玩的，而且不会对孩子造成危险，那么父母就不要过分干涉，而是应该支持孩子去玩。

不要让孩子沉迷电子产品

　　时代在不停地发展，科学技术在持续地进步，每个家庭里都有很多电子产品，如手机、电脑、iPad。这些东西都已经成为每家每户必备的电子产品，这些电子产品虽然给人们的生活带来了极大的便利，但是也让孩子的成长失去了很多乐趣。回忆一下，几十年前，我们每天都和小伙伴一起玩耍，玩泥巴，玩沙子，一起玩橡皮筋、跳绳子、踢毽子、扔沙包。可是现在的孩子呢，尤其是在钢筋水泥的城市森林中长大的孩子们非常孤独，家家户户都只有一个孩子，这使得孩子缺少玩伴，也不能够真正地融入同龄的人群之中，又因为父母忙于工作，没有时间陪伴他们，所以他们每天除了玩电子产品，就是玩电子产品。毕竟电子产品和玩具相比具有更大的趣味性，所以在不知不觉间，孩子就会沉迷于电子产品。

这里所说的电子产品不是那些电动的玩具，而是真正的成人世界的电子产品，如电视、手机、电脑等。在很多家庭中，这些东西都已经成为孩子的玩伴，占据了孩子大量的成长时间。也有很多父母为了获得清净，不愿意陪伴孩子，就把孩子扔给电子产品，让孩子玩各种各样的网络游戏。看着电子产品上五颜六色的画面和生动有趣的情节，孩子往往会被吸引住，沉浸在其中无法自拔。殊不知，让孩子沉迷电子产品的坏处是非常多的。

首先，电子产品有强光刺激，会损害孩子的视力。如今，很多孩子在进行入园体检的时候，都会被发现有近视的趋势。

其次，电子产品会让孩子变得非常冷漠，不愿意与人相处，只愿意沉浸在虚拟的网络世界里。很小的孩子就会玩电子产品上的网络游戏，他们对父母的呼唤充耳不闻，对生活中发生的事情无知无觉，长期这样下去，孩子就会关闭心扉。

再次，经常使用电子产品对孩子的智力发育是非常不利的，曾经有儿童教育学家经过研究发现，如果孩子每天都用大量时间看电视，就会受到过度刺激，使得大脑结构发生改变。实际上，新生儿在出生之后两三年的时间里，正处于飞速的发展之中，电视节目对于孩子的脑部发育会产生负面的影响，使孩子无法集中注意力做一些事情，也会使孩子的思想变得非常混乱，因为电视或者电脑上的信息都是良莠不齐的，并没有经过筛选。

最后，电子产品还会阻碍孩子的人际交往。如果孩子总是沉迷于看电视或者沉迷于玩网络游戏，他们对于同龄人的兴趣就会越来越减弱。众所周知，对于孩子而言，没有任何人能够取代同龄人在他们成长中的重要作用，既然如此，父母当然要严格控制孩子看电视或者使用电脑的时间。又因为在玩电子产品的时候，孩子不需要与电子产品进行交流，所以沉迷于电子产品还会阻碍孩子语言能力的发展，使孩子语言表达出现严重的问题。

孩子玩电子产品的负面作用并不仅仅在于此。如果孩子长期沉溺于电子产品，影响了整个幼儿阶段的生长，那么给孩子带来的负面作用是非常强大，也是难以消除的。在家庭教育中，父母如何才能够避免让孩子沉迷于电子产品呢？

首先，父母不要长时间地沉迷于电子产品之中。父母不管是长时间看电视还是长时间玩游戏，都会影响婴幼儿的语言发育，因为父母一旦沉迷于电子产品，就会没有时间和孩子相处，与孩子交流。父母要抽出更多时间与孩子交流，陪伴孩子，与孩子进行语言交流，在此过程中帮助孩子积累词汇，刺激孩子的思维发展，这对于孩子的语言发育是很有好处的。

其次，父母不要为了省事就把电子产品交给孩子，让孩子长时间玩电子产品。实际上。孩子根本没有必要玩电子产品。

孩子可以每天在固定的时间里看一会儿电视节目，但是诸如手机、电脑等东西是孩子根本不需要的，偏偏现在有很多父母为了带孩子更省事，会不负责任地让孩子长时间盯着电子产品看。孩子还不懂事，他们不知道长时间看电子产品有什么坏处，就这样被父母扔给了"电子保姆"，这显然是对孩子不负责任的。

最后，要重视与孩子之间的游戏和互动。很多父母都以为只要孩子不哭不闹，乖乖地待在那里就可以了。实际上，孩子的成长正是要在运动的过程中才能实现，父母可以带着孩子去公园，也可以带着孩子去远足，还可以和孩子一起做很多有意义的活动。这样一来，孩子就没有时间看电子产品了。对于年幼的孩子来说，和同龄人或者父母的互动，对他们来说十分生动有趣，所以父母一定要给孩子积极有效的引导，这样才是对孩子负责的教育。

孩子的成长是在玩耍的过程中实现的，父母不要以错误的方式去给孩子带来负面的影响。很多父母都说自己没有时间，大文豪鲁迅先生说过，时间就像海绵里的水，挤一挤总是有的。有的父母以忙于工作为借口，把孩子扔给老人教育与养育。有些老人带孩子都不愿意带着孩子出门，会让孩子看电视，在此过程中，孩子渐渐地就会沉迷于看电视，不但影响视力，也会影响智力发育。作为父母，切勿把孩子完全交给老人教育，而是要起到教育的主要作用，陪伴孩子多多玩耍。

孩子与玩具是好朋友

现代社会中，尤其是生活在大城市里的很多孩子都是家中的独生子女，他们是非常孤独的，这一点毋庸置疑。当父母忙于工作，无暇顾及孩子的情况下，孩子独自留守在家里，或者被长时间地交给托管机构，内心孤独而又寂寞，但是父母对这一点并没有明确的认知。他们总觉得孩子有吃有喝，不会为生活而忧愁，一定会生活得非常满足，并不会孤独。实际上，这是对现代儿童生活的误解。现代儿童也许在物质条件方面非常富足，但是在精神与情感的需求上却常常得不到满足。有些孩子因为长久无人陪伴，只能与玩具成为好朋友。

父母不能理解孩子成长过程中的孤独与寂寞，就无法帮助孩子排遣孤独与寂寞，直到孩子的行为出现异常，父母才会意识到孩子的成长出了问题，这对于孩子而言是非常糟糕的。

周末，妈妈做了一桌丰盛的午餐，喊默默吃饭。默默很高兴地来到餐桌旁坐好，等着吃饭，但是他抱着自己的玩具熊，还把玩具放到餐桌旁边。妈妈对默默说："默默，现在要专心吃饭，把玩具熊先放到沙发上，吃完饭再和玩具熊玩，好不好？"默默非但没有听从妈妈的话把玩具熊放到沙发上，反而还去厨房拿了一套碗筷摆在玩具熊面前，在吃饭的过程中，他就像照顾一个真正的朋友那样，不停地给玩具熊夹各种各样的菜肴，还会安抚玩具熊要好好吃饭，多吃一点。吃完饭之后，默默又像模像样地为玩具熊擦嘴，看到默默这样的表现，妈妈觉得有些惊悚，因为她觉得默默的行为已经超出了玩玩具的行为，就像玩具熊真的是一个活生生的小朋友一样。

这样的表现往往会让父母感到非常担忧。孩子为何会出现这样怪异的表现呢？实际上，孩子不仅会在吃饭的时候把玩具当成自己的朋友请上桌，即使是在睡觉的时候，他们也会把玩具熊摆在自己的身边，仿佛玩具熊真的是他们一个非常好的伙伴。在这样的过程中，孩子出现了一个非常明显的行为表现，那就是他们无法分清想象与现实，他们在想象中把某一个玩具当成自己的朋友，也就真的把玩具当成了自己的朋友。很多父母看到孩子这样异常的行为表现，往往以为孩子生病了，产生了幻觉，实际上孩子只是因为太过寂寞，不能在现实生活中满足自己交友的需求，所以把玩具假想成为朋友而已。孩子这种行为的背后，恰恰是因为他们的内心感到非常孤独，没有得到父母足够的关注，也没有得到同龄人的陪伴。

当孩子陷入深刻的孤独之中，体验到很多糟糕的负面情绪之后，就会想方设法寻找和创造自己的伙伴。他们通过假想的方式为自己找到了一个朋友，每当有委屈的时候，他们就会和朋友倾诉；每当有开心的事情时，他们也会和朋友分享；每当感到孤独无助的时候，他们就会去朋友那里寻求安慰。在这样的过程中，孩子渐渐对这个假想中的朋友产生了特别的依赖。

如果孩子的言行举止并没有超出正常的限度，父母无须感到过于紧张，因为对于孩子而言，假想出一个朋友来作为自己的理想伙伴，使其兼具各种各样的功能，能够满足自己全方位的需要，这可以让孩子的情感得到满足，也可以让孩子在内心感到恐惧的时候获得安慰。最重要的是，孩子可以得到这个假想朋友的陪伴，不管去哪里，都可以带着这个假想的朋友，所以他们会感到越来越开心。

但是，如果孩子对于假想朋友的所作所为已经超出了正常的限度，那么父母就要留意孩子是否在某些方面出现了问题。在必要的情况下，也可以带着孩子去寻求心理医生的帮助。当然，孩子一切异常行为的背后都是有原因的，父母要找到孩子出现异常行为的心理原因，解开孩子的心理症结，才能够给予孩子有效的帮助。前文说过，孩子假想朋友的根本原因是因为感到孤独，没有得到足够的关注和爱，那么父母首先要反思自己对待孩子的方式，要认识到自己需要调整方式去关爱孩子，满足孩子的情感和心理需求。父母要知道孩子的成长过程是不可逆的，很多父母以工作为借口忽略孩子，却没有想到孩子很快就会长大。这个时候，父母如果再想陪伴在孩子身边，已经是不可能的了。所以父母要平衡好工作与家庭的关系，才能做到两者兼顾，尤其是在有些情况下，还要以孩子优先。

对于有条件的家庭，父母要创造机会让孩子与同龄人相处。父母即使怀着童心与孩子玩耍，也不能替代同龄人在孩子成长中的重要作用，在必要的时候，父母要为孩子创造条件，例如，早些把孩子送到幼儿园里，让孩子融入同龄人之中，获得同龄人的陪伴，感受到与同龄人相处的快乐。如果家里只有一个孩子，孩子非常孤独，那么，还可以带着孩子去小区的广场上和其他孩子一起玩耍。在此过程中，孩子的情感能够得到满足，也可以发展人际关系，对于孩子来说，这样的成长过程是非常重要的，可以让他们身心健全地成长。

总之，父母不要忽略孩子的孤独，很多孩子并不能够准确地表达自己的感受，在这样的情况下，他们被孤独所包围，内心一定是非常寂寞的。父母要了解孩子，理解孩子的感受，这

样才能够及时给予孩子良好的照顾，满足孩子的心理需求和情感需求。当孩子与真正的朋友在一起快乐地玩耍，感受到友情的滋养，他们又怎么可能会把所有的关注点都集中在一个玩具身上呢？

鼓励孩子结交朋友

两岁多的孩子就可以上幼儿园，这意味着他们离开了家庭生活，不再和父母每天朝夕相对，而是可以在幼儿园里接触到更多的小朋友。有些孩子的性格开朗大方，在幼儿园里生活得如鱼得水，结交了很多好朋友，感受到与朋友相处的快乐。但是有一些小朋友，性格比较内向，不愿意与其他小朋友相处，即使在幼儿园里也非常孤独和寂寞，常常因为腼腆害羞等原因错失与其他孩子和睦相处的机会。这使得他们即便进入幼儿园，也依然很孤独，并不能结交更多的朋友。

即使是在日常的生活中，孩子们也会和很多小朋友在一起玩耍。例如，孩子们在小区广场上同时玩耍的时候，热爱交朋友的孩子总是能够与很多孩子建立良好的关系，而不热爱交朋友的孩子，总是独自玩耍。作为父母，当看到孩子非常孤独寂寞的时候，要鼓励孩子主动结交朋友，这将会帮助孩子获得很多快乐。

2岁孩子的人际关系——多多鼓励，循循善诱

有些父母因为担心孩子会被朋友欺负，或者是吃亏，所以并不主张孩子与很多孩子交朋友。他们希望孩子一直守在自己的身边玩耍，在自己的视线内停留，这样他们随时都能观察到孩子的情况，也避免了提心吊胆。但是对于孩子来说，他们总要长大，不可能永远在父母的庇护下成长，他们总要离开父母的身边，独自去面对这个世界。所以父母与其一直保护着孩子，还不如在孩子有能力的时候放手鼓励孩子结交朋友，让孩子渐渐地融入这个社会，也渐渐地融入人群。

琳琳已经进入幼儿园好几个月了，但是她始终没有完全适应幼儿园的生活，常常会排斥和抵触去幼儿园。有一段时间，妈妈每天早上送琳琳去幼儿园的时候，琳琳都愁眉不展。妈妈感到很纳闷，问琳琳："在幼儿园里，有小朋友欺负你吗？"琳琳摇摇头，妈妈又问："那么，老师对你好不好？"琳琳点点头。妈妈感到很费解，问："既然如此，你为什么不愿意去幼儿园呢？"琳琳忧愁地说："我每天去幼儿园的时候，幼儿园里的小朋友都不和我玩！"听了琳琳的话，妈妈很惊讶，后来妈妈问询问了老师琳琳和小朋友交往的情况，老师对妈妈说："琳琳是一个比较孤僻的孩子，她不太合群。小朋友们在一起玩耍的时候，她总是独自留在角落里，有的时候我会让她和小朋友坐在一起，但是她也不主动和小朋友交流。"

妈妈恍然大悟，原来琳琳是因为如此才不愿意去幼儿园的。如果琳琳能够在幼儿园里结交更多的朋友，现在已经去幼

儿园好几个月了，肯定早就适应幼儿园的生活了，而且每天还会迫不及待地去幼儿园里和小朋友一起玩耍呢！意识到琳琳性格孤僻、不合群之后，妈妈有意识地引导琳琳结交朋友。

在妈妈的鼓励之下，琳琳越来越开朗大方，她可以和很多小朋友在一起玩，也越来越愿意去幼儿园了。除了带着琳琳去小区的广场上和很多小朋友一起玩，每到周六日的时候，妈妈还会带着琳琳去亲戚朋友家里，让琳琳和亲戚朋友家的孩子在一起嬉笑打闹。就这样，琳琳从一个内向孤僻的孩子变得越来越开朗，而且越来越喜欢去幼儿园。

琳琳为什么没有朋友呢？其中是有很多原因的。有些孩子是因为性格本身就内向害羞，比较孤僻，他们不愿意主动与其他小朋友接触，哪怕其他小朋友主动和他们搭讪，他们也会表示拒绝。渐渐地，其他小朋友就会疏远孩子，也就不愿意和孩子相处。除了本身的性格原因之外，还有环境因素的影响。很多孩子习惯了在家庭生活中得到父母和长辈无微不至的关爱，一旦离开父母的身边，脱离家庭生活，进入陌生的环境中，他们就会感到无所适从，也因为他人不能够像父母和长辈那样关心和照顾他们，所以他们会觉得非常失落。

此外，孩子出生之后就在家庭环境中成长，所以家庭环境对孩子的影响也是很大的。有些父母特别骄纵、宠溺孩子，尤其是在独生子女的家庭里，父母不管有什么好吃的、好喝的都会留给孩子，有好玩的玩具也会给孩子玩个够，还有些父母本身也是离群索居，不喜欢与人交往，这都会给予孩子一定的负面影响。

分析了孩子不愿意交朋友的原因之后，接下来要做的就是要教会孩子用正确的方式吸引朋友的关注。很多孩子觉得孤独寂寞，也羡慕其他小朋友在一块儿愉快地相处，他们就会以错误的方式来吸引其他小朋友的注意力。例如，他们会故意欺负、嘲笑其他小朋友，甚至还会推搡或者打到其他小朋友。在这种情况下，他们只会引起其他小朋友的反感。父母要告诉孩子如何正确地与其他小朋友交往，如何吸引其他小朋友的注意。例如，可以赠送给其他小朋友一些礼物，对其他小朋友一定要有礼貌，也要经常带着微笑地对其他小朋友问好。在彼此之间发生矛盾的时候，还要非常宽容和谦让。当孩子能够做到这些方面的时候，他们的关系就会更加紧密，他们的人际关系就会渐渐地得到改善，一定会拥有好人缘。

陪伴孩子一起成长

对孩子的成长，很多父母的态度都趋向于两极化，有些父母觉得孩子的成长是一个自然的过程，自然就能够完成，也有些父母觉得孩子的成长是一个非常伟大而且神秘的过程，因而，他们把教育孩子当成毕生最伟大的事业去做。毋庸置疑，孩子的成长是非常重要的，也关系到孩子一生的成就和幸福。每一个父母在成为父母之前，并没有当父母的经验，尤其是没有当这个孩子父母的经验，所以父母要正确认知自己，切勿在孩子面前摆出一副高高在上的姿态，而是要降低姿态，陪伴孩子一起成长。

孩子就像是一株小小的幼苗，他们从刚刚破土而出的那一刻起，就开始努力地生长。它们的根部不停地往下扎，从土壤中吸取养分，他们的枝干不停地往上生长，距离太阳更近，得到阳光雨露的滋养。只有茁壮成长，小树苗才能够长成参天大树，才能够稳稳地立于土地之上，才能够抵御风雨的侵袭。

父母不要觉得自然升级成为父母就能当好父母，实际上，父母的身份有两种，一种是自然升级的身份，另外一种是真正意义上合格且优秀的父母。要想当合格且优秀的父母，父母就要端正心态，不要觉得自己生了孩子就能够当好父母，而是要认识到自己必须不断努力，坚持学习，持续成长，才能够与孩子一起进步。

在孩子成长的过程中，每个父母都会遭遇各种各样的困惑，可以说，陪伴孩子成长时毫无困惑的父母是根本不存在的。遗憾的是，有太多父母都认为自己作为成年人，与生俱来就具有教育的本能，就可以承担起教育孩子的重任，既不需要坚持学习，也不用坚持成长。其实，这是父母自以为是的思想在作祟。在孩子成长的过程中，父母如果始终停留在原地，那么随着孩子成长的速度越来越快，父母就会被远远地甩下，根本不能够跟随孩子成长的脚步，与时俱进。

　　现代社会中有太多的父母都被孩子甩下了，这是因为孩子从呱呱坠地开始，就在以飞快的速度不停地成长，而父母却始终停留在孩子的婴儿阶段，他们把孩子看成是襁褓中的那个婴儿，认为孩子一直需要他们无微不至的照顾，需要他们凡事代劳。而实际上，对于孩子而言，他们已经不需要父母这样事无巨细地照顾他们了。

　　如果父母能够跟随孩子的脚步陪伴孩子一起成长，在孩子成长的过程中，父母也坚持学习，那么家庭教育的效果就会非常显著。父母要具有敏锐的心灵，观察到孩子的成长，也要能够及时发现孩子在成长过程中遇到的各种困惑，及时给予孩子各种指导和帮助，这样的教育才是孩子真正需要的教育，也才是最贴心的教育。在此过程中，父母对孩子观察得细致入微，也会获得进步，提升自己做父母的能力和水平。

　　如今，很多年轻的父母在孩子出生之前就开始积极地阅读各种各样的书籍，坚持进行学习。然而，这些理论上的知识与现实还是相差甚远的，等到孩子真正出生之后，他们会发现那些高大上的理论知识并不完全符合实际。其实，父母不管看了多少书，也不管听了多少名人的讲座，这些都是他人的经验，对于父母当好自己孩子的父母，只有一定的参考意义和指导价值，而并不能够完全照搬套用。父母会在陪伴孩子成长的过程中，和孩子一起长大。虽然这样成长的过程刚开始也许是被动的，是被孩子的成长逼着，父母不得不成长，但是随着父母能够放下高高在上的姿态，保持谦虚进取，那么父母的成长就会越来越积极主动。

　　有人说，当父母是一场修行，要和孩子一起去成长。在此过程中，父母要了解孩子的脾气秉性，发现孩子的成长规律，让孩子拥有一个良好的成长过程；也要拥有发现的眼睛，发掘孩子身上的各种亮点，找到孩子值得赞赏的地方，也为孩子指出他的缺点，和孩子一起弥补不足。唯有这样，孩子才能够成长得越来越趋于完美。当父母为孩子做出这一切的时候，父母自己何尝不是在成长呢？父母如果能够用心地陪伴孩子，自己也会拥有与众不同的成长经历。俗话说，不经历无以成经验，对于每一个父母，这些都是非常适用的。当好合格且优秀的父母，是每个为人父母者毕生最大的成功。

第 04 章
2 岁孩子的看护技巧——尊重孩子，多用引导的方式

所谓的技巧，并不是放之四海而皆准的育儿方法，毕竟每个孩子都是独立的生命个体，都是世界上与众不同的存在。只是说父母在借鉴这些技巧的时候，能够更好地与2岁的孩子相处。这些技巧都是非常具体的，例如，可以要求孩子在玩过玩具之后放回之前的地方，帮助孩子形成良好的卫生习惯；可以以某种特别的方式与孩子沟通，从而避免孩子与父母讨价还价。总而言之，在为人父母的这条道路上，每个人都在摸着石头过河，都在陪伴孩子成长的过程中自身也得以成长。

约定规矩

通常情况下,两岁的孩子秩序感很强,他们都倾向按照和父母约定好的规矩来做各种各样的事情。作为父母,要想与孩子愉快的相处,恰好可以利用孩子的这个特点,把那些原本容易引起孩子抵触的事情都事先约定好,以规定的方式固定下来。这样一来,当需要做这些事情的时候,父母就不需要再与孩子浪费唇舌,而是可以让孩子根据这些规矩按部就班地去做好各种事情。

有很多父母都为孩子晚上不愿意主动上床睡觉而感到头疼,那么父母可以和孩子制订入睡的规矩,例如,规定孩子每天晚上在八点的时候就要脱衣服洗澡,然后洗脸刷牙,穿上睡衣,去厕所小便,喝几口水,然后乖乖地躺到床上,等着父母讲故事。故事的数量可以事先做好约定,每天讲一个故事或者是两个故事都可以,也可以根据故事内容的长短来确定。等到讲完故事之后,父母要和孩子拥抱,相互亲吻,道晚安,然后给孩子熄灯,让孩子乖乖地入睡。听起来这一整套流程是非常烦琐的,实际上这恰恰是每天晚上孩子都应该做的事情。相信如果能够把这一整套流程都固定下来,那么父母就不需要每天晚上都为这一整套的流程和孩子浪费口舌了。

父母都知道，让孩子做完这一整套的流程需要花费很长的时间，尤其是对于父母来说，在经历了一天辛苦的工作，完成了所有繁重的家务之后，其实已经非常困倦和疲惫了，因而也就更觉得这一整套流程非常烦琐。但是养育孩子本来就不是一件简单容易的事情，作为父母，首先要能够坚持下来做这一整套的程序，才能够让孩子形成秩序感。当孩子形成秩序感之后，做完这整个一套的流程，他们自然而然地就会步入到睡觉的阶段，也就不需要父母催促和督促他们入睡了。

需要注意的是，在做这一整套流程的时候，父母切勿因为各种各样的原因而缩减这个流程。孩子的秩序感非常强，如果父母把其中的某一项活动省略或者取消了，或者父母因为心急而加速这个流程，那么就会打破孩子的秩序感，使孩子在大多数流程都完成之后也不愿意入睡。尤其需要注意的是，孩子的秩序感一旦被打破，就要从被打破的地方再来衔接，否则无法起到良好效果。记住，必须从头开始，才能符合孩子秩序感的需要。所以父母切勿搬起石头砸自己的脚，也不要自作聪明来加速整个的过程，而是要严格遵守整个流程的顺序，做好每一个环节，要全心全意地陪伴孩子，这样孩子才能够心甘情愿地入睡。在此过程中，不要做其他事情。如果有工作上的电话，那么可以等到全套的流程做完之后，孩子也已经安然入睡了，再去处理工作上的事情，而不要把这个流程打乱。当孩子一直都按照这个流程去做，他就会认为每一个步骤都是应该去做的，而不会再因此故意捣乱，或者刻意逃避什么。

实际上，坚持整个流程的过程，也是为孩子养成习惯的过程。等到孩子对整个流程习惯成自然的时候，随着孩子不断成长，父母只需要适当地督导孩子，而不需要一直陪伴孩子。从这个意义上来说，这是一劳永逸的方法，只不过是在形成习惯的过程中，父母需要坚持，需要有毅力。

理解孩子追求"一致"

晚上洗完澡睡觉的时候，豆豆和往常一样去书架上找自己的图书，准备让爸爸给他讲故事。但是他找来找去，也没有找到自己的那本图书。他询问了爸爸和妈妈，爸爸和妈妈也不知道图书在哪里，后来他在家里的各个角落里寻找，终于在沙发旁边的柜子里找到了那本书。豆豆不由得大发雷霆："为什么我的书会在这里？我的书要在书架上！"妈妈对此不以为然，对豆豆说："你不是已经找到书了吗？那就去床上等着听故事呀，为什么要发脾气呢？"豆豆还是很生气："为什么我的书在这里？"看到豆豆如此固执，妈妈哭笑不得地说："你这个孩子可真是固执，找书的目的不就是为了讲故事吗？现在已经找到了，你怎么还不拿着书去等着听故事呀？"豆豆听到妈妈不理解他，又气又急，大哭起来。

第04章
2岁孩子的看护技巧——尊重孩子，多用引导的方式

这个时候，爸爸已经洗完澡了，准备给豆豆讲故事。看到豆豆的表现，爸爸感到很惊讶。妈妈把事情的经过讲给爸爸听。爸爸说："你打破了孩子的秩序，这本书就应该放在原来的地方。"妈妈不由得感到很无奈，说："好吧，书也要必须放在原来的地方，这是谁家的规定呢？"爸爸一本正经地对妈妈说："孩子的秩序感是很强的，尤其是两岁多的孩子，他不希望东西被乱动，也不希望做事情的顺序被打乱，所以以后还是不要动他的东西。"妈妈听了爸爸的解释，再联想起豆豆的表现，点了点头。

两岁多的孩子对于秩序是非常固执的，不管对待什么事

我的孩子2岁了

情,他们都要求一致。他们要求东西摆放的地点一致,要求行为一致,对他们来说一致就是最重要的。他们还很倾向于重复,这是因为在重复的过程中,他们更容易建立秩序。在家庭生活中,了解孩子的身心发展特点,知道孩子对于重复和一致的倾向是非常重要的,也要积极配合孩子,让孩子能够更便利地实现重复和一致。

如果条件允许,父母最好不要乱动孩子的东西,尤其是孩子用心摆放的玩具和各种各样的物件,要将其保持在固定的位置,孩子对于这个位置是非常熟悉的。例如,豆豆在每天晚上进行睡前的一整套流程时,在找书环节遇到了障碍,是因为他想找的那本书并不在原来的地方,这使他勃然大怒,乱发脾气。

很多家庭里都由妈妈负责收拾东西,做家务,那么对于孩子用心摆放的东西,妈妈要坚持放在原来的地方,对于孩子非常看重的那些东西,妈妈最好不要代替孩子摆放,而是要让孩子自己摆放。这样孩子对于东西放在哪里心里有数,在寻找的时候也会更为方便。

为了帮助孩子建立秩序感,每天的日程安排可以固定下来,比如每天早晨几点吃饭,上午几点到几点出去遛弯晒太阳,中午几点吃饭睡午觉,下午几点起床吃水果,晚上几点睡觉等。这些行为习惯一旦固定,孩子就会自觉地遵守,给父母带孩子节省了很多的时间和精力,也会让孩子的生活更有秩序感。孩子希望自己能够把控一切，对于这些固定的东西，他们知道接下来将会进行哪些事项，也会知道自己要把东西放在哪里，就会感到安全而又踏实，也会非常开心。

想方设法吸引孩子的注意力

两岁对孩子而言是一个分水岭。在两岁之前，孩子认为自己与外部的世界是浑然一体的；在两岁之后，孩子才意识到自己与外部的世界是截然不同的，也会意识到自己是独立的生命个体，这是因为孩子的自我意识正在萌芽，他们渐渐地认识到自己的独立性。很多两岁的孩子都进入了宝宝叛逆期，表现出非常倔强"固执"任性的特点。有的时候，父母希望让孩子做一些事情，但是孩子却并不愿意顺从。遇到这种情况，父母是强迫孩子必须按照父母的要求去做，还是避免与孩子硬碰硬地发生正面冲突呢？显而易见，前一种方法并不能够让孩子顺从，反而是后一种方法，能够通过委婉的方式达到预期的效果。

有些时候，孩子的任性超出了父母的想象，父母因为觉得自己作为成人力量很大，所以往往纠正孩子的不配合，却没想到遭遇了孩子的死磕到底，最终父母会感到非常尴尬。面对着绝不投降的孩子，父母不得不缴械投降，这当然会失去颜面。

我的孩子2岁了

所以面对那些固执任性的孩子，父母最好采取转移注意力的方法，让孩子更愿意配合自己。

两岁多的孩子需要父母无微不至的照顾，这意味着，父母每天都要和孩子在一起，负责照顾孩子。所谓24小时无休，大概说的就是孩子的监护者和照顾者吧。通常情况下，大多数家庭里都是由妈妈承担起照顾孩子的重任，这是因为妈妈比较细心，能够更好地照顾孩子。但是妈妈和孩子相处的过程中，哪怕妈妈很温柔，也常常会与孩子发生各种矛盾，所以必须掌握与孩子相处的技巧，才能够成功地消除很多相处的矛盾，解决相处过程中出现的问题。

上午妈妈带着佳佳出门去玩，因为在小区里玩得很开心，佳佳把衣服弄得脏兮兮的。中午回到家里，妈妈要求佳佳换上干净的衣服才能在家里玩耍，但是佳佳玩得很开心，根本不愿意换衣服。虽然妈妈催促了他好几次，他还是坐在沙发上看电视，满头大汗也不去洗脸。看到佳佳这么不配合，妈妈非常生气，索性把佳佳拎到洗手台前，强行给佳佳洗脸，没想到佳佳大叫起来。

妈妈才刚刚给佳佳洗完脸，佳佳又哭得满脸都是泪水，鼻涕眼泪到处都是。妈妈很无奈，只好不停地给佳佳洗脸，好不容易才给佳佳洗完脸，要给佳佳换衣服时，佳佳执拗着扭曲着身体不愿意换。这个时候，妈妈意识到再继续和佳佳硬碰硬，显然不能解决问题，因而妈妈问佳佳："佳佳，你想听白雪公主的故事么?"佳佳最喜欢听白雪公主的故事,高兴地说:"想啊!想啊!"妈妈说:"好吧,那我们一边换衣服一边讲白雪公主的故事,好不好?"说着,妈妈就开始绘声绘色地讲起白雪公主的故事。一开始,佳佳还在抵抗妈妈,不愿意换衣服,但是随着故事情节的深入,他听得津津有味,也就没有时间再和妈妈对抗了。就这样,妈妈还没讲完白雪公主的故事呢,就已经把佳佳的衣服换下来了。接下来,妈妈为佳佳讲完了整个故事,才去给佳佳洗衣服。

两岁的孩子很容易被谈话吸引,尤其是那些情节生动,语言优美,他们喜欢听的故事,他们会沉浸在故事的世界里,忘记现实的世界。虽然对于两岁的孩子来说,有一些故事他们并不理解,也未必能够完全听明白,但是这些故事的确能够有效地吸引孩子的注意力,让原本情绪暴躁的孩子恢复平静,保持安静。这样一来,对于那些不愿意做的事情,父母就可以引导他们去做,他们也就不会那么抵触了。

和两岁多的孩子相处时,如果遭到孩子的反抗,父母硬碰硬显然是不理智的。明智的父母会想方设法地吸引孩子的注意力,把孩子的关注点吸引到另外一件事情上,从而让孩子不知不觉之间就配合父母。

不和孩子"讨价还价"

前面说过,父母在给孩子下达指令的时候要留有余地,这不但是给孩子留下回旋的空间,也是避免父母尴尬的好办法。但是有些孩子是很会察言观色的,虽然他们才两岁多,却可以通过父母的语言腔调和表情等来观察父母的真实意图,所以他们小小年纪就学会了和父母讨价还价。为了避免孩子和父母讨价还价,父母在和孩子进行语言沟通的时候,要掌握沟通的技巧与智慧。

孩子的智慧超出父母的想象,当父母低估了孩子的智慧时,就会陷入与孩子斗智斗勇的无限循环之中。这常常让父母感到抓狂。父母在和孩子说话的时候,切勿轻视孩子,也不要对孩子的智慧过于低估,而是要打起精神来应对孩子。

两岁半的齐乐是一个非常聪明的孩子,他的理解能力非常强,说话也非常流畅。虽然才两岁半,但是他已经可以说出完整的一句话了,在和父母沟通的时候非常顺畅。

有一天,齐乐要吃冰激凌,妈妈对齐乐说:"现在天气还不是热,要等天气热了之后才能吃冰激凌。"从此之后,妈妈就发现自己进入了一个无限循环之中,因为每天齐乐都要问妈妈好几遍:"现在天气热了吗?现在到夏天了吗?"最终,妈妈气得对齐乐说:"我告诉你,不许吃冰激凌!就算到了夏天,也不许吃冰激凌!"得到妈妈这样的回答,齐乐委屈地号喊大哭起来。

　　在这个事例中，妈妈对齐乐的回答显然进入了一个误区，那就是给了齐乐一个允诺，而实际上齐乐才两岁半，他对于现在是春天，距离夏天还很遥远，根本不能理解。他只是想着只要到了天热的时候就能吃冰激凌，所以他每时每刻都在盼着天气很热。

　　如果妈妈换一种说法，告诉齐乐："我们现在还穿着毛衣呢，要等到穿短裤的时候才能吃冰激凌！"显然，这样的说法对于齐乐来说是更容易理解的。毕竟他对于春天和夏天的概念没有那么明晰，但是他对于穿厚衣服和薄衣服的概念还是很清

楚的。这样说完之后，齐乐只有等到穿短裤的时候才会跟妈妈要冰激凌吃，也就不会每天都缠着妈妈要冰激凌了。

在和孩子沟通的过程中，尽量避免对孩子做出空口承诺。例如，孩子很想穿裙子，妈妈告诉孩子以后才能穿裙子，那么孩子不能理解以后的概念，就会每天都问妈妈到没到以后。其实妈妈可以告诉孩子，要等床上铺凉席的时候才能穿裙子，这样一来孩子就会更加明确。总之，父母和孩子沟通时要考虑到孩子的理解能力，而不要把孩子当成成人去沟通，毕竟孩子对于很多事情的概念还不那么明晰，而且对于很多道理的理解也很肤浅，所以父母要结合孩子身心发展的特点，帮助孩子更好地理解自己的意思。

告诉孩子关于事情更多的信息

两岁的孩子对世界充满了好奇，他们对世界的认知还不够全面，人生的经验也很匮乏。作为父母，要帮助孩子增强对于世界的认知，也要帮助孩子丰富人生的体验，增长孩子的见识。在日常生活中，很多父母总觉得孩子还小，不管家里有什么事情，都选择不告诉孩子。尤其是在孩子两岁多的时候，父母认为孩子对很多事情都难以理解，所以哪怕家里发生了很大的事情，或者即将有大的变动，父母也会选择刻意地隐瞒孩子，而不告诉孩子事情的规划以及关于事情的更多信息。这样一来，孩子在家庭生活中就会处于很懵懂的状态，明明家里发生了巨大的改变，孩子却懵懂无知；明明家里有了很大的变故，孩子对此却浑然不觉。这样非但不能够培养孩子的小主人翁意识，也会让孩子缺乏责任感，更不能够参与家里发生的各种事情。孩子也是需要有担当的，尤其是对于赖以生存的家庭中的事情，孩子更是有权利知道和参与，父母也可以借此机会丰富孩子的人生经验。

明智的父母知道孩子正处于快速学习和成长的阶段，对于两岁多的孩子而言，他学习和成长的方式之一就是经历更多的事情，所以在家里有重大的事情即将发生的时候，父母应该把关于事情的各项安排和详细的过程都告诉孩子。这样不仅可以加强孩子对于某些事情的印象，也可以加深孩子对于某件事情的认知，孩子就能够凭借着父母的安排，按部就班地完成他应该完成的各种事情。对于孩子的成长而言，这是大有裨益的。

也许有些父母认为，很多事情都没有必要告诉孩子，或者对于那些重大的事情即使告诉孩子，孩子非但不能为父母分担，反而会因此受到负面的影响，所以对于孩子是有坏处的。正是在这样思想的影响下，父母不管遇到什么事情都不愿意对孩子说。实际上，在生活中，父母可以告诉孩子的事情有很多。例如，父母要去超市里购物，可以预先和孩子商量好购买哪些东西，在进入超市之后，和孩子一起去寻找这些东西，把

东西装入购物车里，然后在结算的时候，让孩子拿着散装的东西去秤重量，在收银台的地方，也可以给孩子钱，让孩子去结账。这虽然只是日常小事情，但是只要孩子亲自去做，就会得到锻炼。

再如，家里第二天要来客人。这个客人非常重要，是爸爸的上司，那么对于家中这样重大的事情，父母是应该让孩子知道的。虽然孩子才两岁多，但是只要父母耐心地和孩子解释，孩子就能理解这件事情的重要性，也能在客人到来的时候好好表现。如果客人也会带一个小客人过来，那么父母要教会孩子如何当好小主人，要把自己的玩具拿出来和小客人一起分享，要把自己喜欢吃的食物拿出来招待小客人。在父母细致的教导下，相信孩子会当好小主人，有非常好的表现的。

当然，两岁多的孩子理解能力是有限的，有些时候，他们可以理解父母所说的话是什么意思，有些时候他们并不能完全理解，这导致他们在执行父母的安排时会出现一定的偏差。这没关系，毕竟孩子不是从一出生各方面的能力就都很高，所以父母要有足够的耐心陪伴孩子成长，也要给孩子机会，让孩子积极地锻炼和提升。如果孩子对父母的意思产生了很大的误解，父母也要反思自己的表达是否准确到位，是否能够让孩子清晰地理解自己的意思，这样一来，孩子才会更好地与父母沟通，亲子之间的交流也会变得更加顺畅。

很多事情并不会完全按照计划去进行，有的时候会有计划之外的意外发生，在这样的情况下，父母不要过多地指责孩子，即使孩子没有完成预期的任务，父母也要积极地鼓励孩子，只有这样，孩子在下次面对同样的任务时才会有更好的效果。

孩子并不能每次都完全达到父母的预期，当孩子执行任务失败的时候，父母不要批评和指责孩子，更不要否定孩子。为了培养孩子的信心，让孩子充满勇气继续前行，父母要慷慨地赞扬孩子，要多多地激励孩子。如果生活中这样的机会很少，那么，父母还可以创造很多这样的机会锻炼孩子。教育孩子从来不是一蹴而就的过程，而是一个漫长的过程，需要父母非常用心地陪伴在孩子身边，同时及时地给予孩子指导和帮助，孩子才能更加快乐和充实地成长起来。

给孩子机会做出选择

如果说孩子小时候不管有什么事情，都很愿意遵循父母的意愿去做，是父母命令的执行者，那么随着不断成长，孩子的独立意识越来越强，自我意识渐渐地形成，他们就会越来越有主见，想要做出自己的选择，而不愿意再成为父母命令的执行者。很多父母都发现在两岁之后，孩子有了非常明显的变化。对于父母的很多指令，他们不愿意再无条件地执行，而且他们还会故意与父母对着干。面对孩子这样巨大的改变，很多父母都觉得很不适应，其实这正意味着孩子的成长。

亲子之间的矛盾之所以频繁发生，就是因为孩子在不断成长，而父母却始终停留在孩子年幼的时候，觉得孩子理所应当对父母言听计从。实际上，这会导致限制和禁锢孩子的成长，也会使亲子关系变得越来越紧张。作为父母，一定要跟随孩子成长的脚步，与时俱进。举个例子，在孩子犯错误的时候，父母如果总是批评孩子或者命令孩子要按照父母的方法去做，那么就会激起孩子的叛逆心理。实际上，要想缓解亲子关系，与孩子之间建立良好的沟通方式，就应该真正尊重和平等地对待孩子，给孩子机会去做出选择。

没有人愿意被他人指挥和命令，孩子也是如此。小时候孩子对父母言听计从，那是因为孩子自身的能力很弱，他们没有办法独立生存，只能依赖于父母生存，所以不得不听从父母的建议。而随着不断的成长，孩子各方面的能力越来越强，他们就会走向独立。以两岁为分水岭，孩子在两岁之前认为自己与外部世界是浑然一体的，两岁之后，孩子的自我意识形成，他们的自我意识越来越强，所以会变得越来越有主见。要想与两岁的孩子友好相处，父母就要改变与孩子交往的方式，尤其是要改变与孩子沟通的方式。如果说父母已经习惯了对孩子居高临下地发布命令，那么从现在开始，父母就要更加尊重孩子，要学会给孩子机会做出选择。

同样的一件事情，如果父母给孩子下达命令，那么孩子往

2 岁孩子的看护技巧——尊重孩子，多用引导的方式

往会非常抵触和抗拒；如果父母能够换一种方式给孩子做出选择，那么孩子对于这件事情就会更容易接受。举例而言，父母如果要求孩子吃苹果，那么孩子往往会说不吃，他们以此来捍卫自己的权利。但是如果父母问孩子"你想吃苹果还是想吃香蕉"，孩子往往会回答吃苹果或者是吃香蕉，这样父母也就达到了让孩子吃水果的目的，而且孩子还会非常愉快地根据自己的选择采取行动。

在亲子相处的很多技巧之中，让孩子自己做出选择，或者是给孩子机会做出选择，是亲子相处和亲子沟通最有成效的技巧。不过这个方法虽然效果很好，却也存在一定的危险。例

如，很多学龄前儿童在做出选择的时候会出现选择困难的现象，他们往往无法权衡出一件事情的利弊，所以会在各个选项之间犹豫不决。对于这样的孩子，父母可以引导他们做出选择，也可以帮助他们分析各个选项的利弊。如果孩子表现出非常严重的选择障碍，那么父母则可以给孩子更为简单的选项。例如，把选项控制在两个，这样孩子做出选择就会相对容易。对于那些更有主见，不喜欢被父母命令和指挥的孩子，父母则可以给孩子多几个选项，这样孩子选择的空间会更大。

从心理学的角度来说，当孩子面对选择的时候，他们会感受到自己是非常重要的，也能够深切地意识到自己是可以按照自己的想法去做很多事情的，而不一定凡事都要听从父母的。在这样的过程中，孩子的独立性越来越强，他们的自主性也不断提高，所以渐渐地他们就会摆脱对父母的依赖，从小事情开始独立，遇到大事情也能够独立，因而真正地走向成熟。

需要注意的是，在一些情况比较复杂的场合里，是不适合用选择法的，这是因为选择法需要给予孩子一定的时间进行思考，而且孩子要对选项有比较明确的判断。在复杂的场合里，如果情形很急迫，情势很复杂，那么孩子就无法当即做出选择。

还有一种孩子不适合使用选择法，那就是有些孩子很善于钻空子，一旦抓住小小的机会，就会紧抓着不放。父母在这种情况下给予孩子选择的权利，无疑就是在给自己挖坑，所以父母在跟这样的孩子相处的时候，要学会单刀直入，给予孩子更好的指引和帮助。尤其是在一些原则性问题上，更是要杜绝给孩子选择，而是要坚持自己的主见。

　　总而言之，每个孩子都是不同的生命，父母在与不同的孩子相处的时候，要采取不同的方法，也要根据事情发展的具体情况来决定采取哪种方式与孩子相处和交流。只有起到良好沟通效果，能够建立亲子关系和加深亲子关系的方法，才是真正成功的亲子相处方法。

第 05 章
2 岁孩子的习惯养成——在尊重孩子意愿的基础上制订规则

与1岁的孩子不同，2岁的孩子在行为习惯上已经有了很大的进步。例如，他们可以独立吃饭，还可以尝试着给自己穿衣服。对于2岁的孩子，父母要根据孩子的能力发展情况，合理安排孩子的日常生活，重点培养孩子良好的生活习惯。

了解孩子的饮食偏好，给孩子恰当的饮食

大多数妈妈都希望孩子有很好的胃口，因为她们都觉得孩子只有吃得香，睡得饱，才能够茁壮成长。实际上，即便孩子天生就是大胃王，胃口非常好，总是想要吃很多东西，妈妈也不应该无限制地给孩子吃各种各样的东西，而是要控制孩子的饮食。毕竟对于孩子的成长来说，只有适当的饮食才能为孩子提供健康均衡的营养，才能够保证孩子茁壮成长。

作为妈妈，看到孩子吃饭时非常认真的模样，总是感到非常有趣，这是因为有一些孩子在全心全意地吃饭时，会高高地举起手里的汤勺，然后非常努力地把汤勺里的饭菜送到自己的嘴巴里，再香喷喷地咀嚼吞咽。孩子在喝水的时候，会用一只手抓住杯子把儿，用另一只手在旁边辅助帮忙，这样他们就可以稳稳当当地拿着杯子，咕咚咕咚地喝饱后，才会把水放回原处。当然，这都是吃喝都相对独立的孩子非常优秀的表现。那么大多数孩子呢？他们在吃饭的时候往往不能够专心。看到孩子对吃饭三心二意，不能够摄入充足的营养，妈妈感到非常着急，迫不及待地希望孩子长大，希望孩子长得又高又壮，就只能寄希望于孩子吃更多的东西。

前面已经说过孩子不管吃得过少还是过多，对成长都是不

利的。那么，作为妈妈，怎样才能安排好孩子的日常生活呢？每当看到孩子胃口不好的时候，妈妈总是非常着急，会想方设法地强求孩子吃东西。对于两岁多的孩子而言，要想让他们像成人一样按时吃好一日三餐，这简直是不可能做到的事。所以妈妈对孩子的饮食要更加放松一些，在一日三餐之中，只要孩子能够非常认真地吃好正餐，那么就能够摄入大部分营养，对于其他的两餐，则可以让孩子随意地吃，吃多吃少就由孩子自己根据身体的需求决定，父母无须强求孩子。

  细心的父母会发现孩子对于自己喜欢吃的东西往往胃口大开，而对于自己不喜欢吃的东西则会觉得难以下咽。那么，孩

子到底喜欢什么样的食物呢?他们是用味道来选择食物,还是通过颜色、形状来选择食物呢?成人在选择食物的时候,会根据食物的味道来进行决定,而实际上孩子的选择会很简单,他们会先根据实物的颜色来决定。例如,他们喜欢吃颜色鲜艳漂亮的食物,喜欢吃形状完整的食物,而不喜欢吃那些颜色暗淡或者被捣碎了的黏糊糊不知道是什么东西的食物。所以父母在为孩子准备食物的时候,应该要考虑到色香味俱全,尤其是要保持食物鲜艳的颜色和完整性。

有些父母觉得孩子还小,认为孩子对于食物并没有那么挑剔。这其实是错误的想法。孩子们把每一个事情都看得非常新奇,对于他们而言,食物也是一个非常新鲜的事物,所以他们会怀有强烈的探索欲,对那些新鲜的食材跃跃欲试。但是也有一些孩子与之恰恰相反,他们只喜欢吃那些味道熟悉的食物,不喜欢尝试新鲜的食物。

除了对食物的颜色、味道有所偏好之外,孩子的饮食习惯也会有所不同。例如,有的孩子喜欢把各种不同的食物混合在一起吃,而有的孩子则不喜欢把食物混合在一起吃,他们喜欢分开吃不同的食物;有些孩子喜欢把食物切得碎碎的来吃,而有些孩子则喜欢吃完整的食物,用牙齿去把食物咬碎。

通常情况下,妈妈负责照顾孩子日常的吃喝拉撒,但父母都应该了解孩子的饮食偏好,给孩子提供更好的食物,这样才能够激发孩子的食欲,也才能够让孩子热爱摄入各种不同的食物，获取均衡的营养。

孩子两岁多的时候，父母应该培养孩子良好的饮食习惯，虽然这是很有必要去做的一件事情，但是却不要过于着急，毕竟对于两岁多的孩子来说，能够高兴地吃饭，健康地成长，相比之下，吃饭的形式并没有那么重要。众所周知，小孩子都喜欢吃甜点，尤其喜欢吃那些造型各异的小点心，所以妈妈要想投其所好，就可以为孩子准备一些营养丰富、造型奇特的点心，这样就可以让孩子远离零食，远离那些不健康的食物和饮料。

虽然大多数两岁多的孩子都能够做到独立进食，但是有的时候在妈妈面前，他们会想要撒娇，引起妈妈的关注，得到妈妈的照顾。在孩子不想吃饭又很饿的情况下，妈妈不妨像小时候一样喂给孩子饭菜，这样会让孩子得到情感上的满足。细心的父母会发现，孩子并不总是胃口大开，也并不总是没有胃口。实际上，孩子在一段时间内食欲好和食欲差的日子是相差不多的，这也就说明孩子在食欲差几次之后就会食欲大开，摄入更多的食物，而在摄入大量的食物之后，他们又会食欲不好。所以，父母只要看到孩子的生长发育正常，就无须过于担心孩子，可以在饮食方面给予孩子更多的自由，让孩子自主决定吃什么，或者吃多少。

我的孩子2岁了

以孩子喜欢的方式洗澡

  大多数两岁的孩子都很喜欢洗澡，对他们而言，洗澡并不是日常必须进行的一项活动，而是很喜爱的一种游戏。在洗澡过程中，他们会感受到极大的快乐。两岁左右的孩子，甚至不想让爸爸妈妈帮他们洗澡，他们更喜欢自己洗自己。虽然很多时候他们还不能够独立洗澡，不知道如何洗手，也不知道如何擦干身体，更不知道如何冲干净沐浴露、洗发水等，但是他们却很热衷于自己为自己洗澡。

  在两岁半前后，孩子对于自己给自己洗澡的热情会空前高涨，甚至有些孩子会拒绝父母的帮助，独立完成整个洗澡的过程。在这个阶段，孩子会表现得非常固执，父母只要细心观察，就会发现孩子特别喜欢在他们的洗澡桶里游来游去，模仿游泳的样子。他们对这项游戏乐此不疲，虽然洗澡桶很小，但是如果父母不对他们加以制止，他们甚至能这样玩耍整个晚上。与此同时，他们还会为自己找一些乐子，比如拿一个塑料袋进入洗澡桶里玩，或者放入妈妈为他们准备的小鸭子玩具。有的时候，他们只是拿着一条毛巾，就可以把洗澡桶周围的瓷砖擦得干干净净。孩子们还会一边唱歌一边干这些事情，表现出怡然自乐的模样。

  对于两岁孩子如此热爱洗澡，父母要给予理解。很多父母都不理解孩子为何这么喜欢洗澡这样简单的活动，其实孩子天

第05章
2岁孩子的习惯养成——在尊重孩子意愿的基础上制订规则

性就喜欢水和沙子,洗澡正是和水打交道的好时机。在洗澡的时候,孩子不用担心把自己弄脏,或者把某些地方弄湿。对他们而言,洗澡真正的目的不是为了清洗干净自己的身体,而是一场非常有趣的游戏,所以很多父母都为如何让孩子离开浴缸而发愁。每天晚上在洗澡即将结束的时候,父母都必须动一些心思,否则,孩子很想一直腻在洗澡桶里,而不愿意出来。

每天晚上洗澡的时间都是豆豆最开心的时候。豆豆最喜欢洗澡了,他每天都盼着洗澡。冬天,他每三天洗一次澡,所以他要等三天才能洗澡。他最喜欢夏天,因为夏天到了,他每天都可以洗澡。有的时候天气太热,他把自己弄脏了,一天还可以洗两次澡呢!

最近几天晚上,豆豆每天都在洗澡桶里玩至少半个小时。这一天,豆豆已经玩了半个小时,原本温热的水已经有些凉了,妈妈很担心豆豆会着凉,因而催促豆豆快点儿从洗澡桶里出来。但是豆豆正拿着毛巾擦洗澡桶周围的瓷砖,对于妈妈的催促,他就像没有听见一样。妈妈很担心,不停地对豆豆说:"豆豆,这样是会着凉的。着凉了,感冒了,就要打针!"但是豆豆宁愿现在玩个痛快,也不想因为担心感冒而结束目前非常有趣的游戏。妈妈很无奈,只好拔掉了洗澡桶的塞子,洗澡桶里的水都往下水道流,所以形成了比较大的冲力,豆豆感到很害怕,他很怕自己也被冲到下水道里去,因而赶紧逃出洗澡桶。这个时候,妈妈趁机为豆豆冲洗干净身体,把豆豆的全身都擦干,让豆豆穿好衣服,离开了浴室。

在这个事例中,豆豆和大多数孩子一样,很喜欢洗澡。为了让豆豆能够离开洗澡桶,妈妈采取了拔掉下水塞子的方式,这个方法是很好的。除了这个方法之外,父母还可以想出其他方法来帮助孩子结束洗澡,例如,允诺孩子第二天还可以洗澡,再如采取激励的方式,让孩子在限定的时间内离开浴缸。对于孩子来说,洗澡是每天的狂欢,但是父母却要注意保护孩子的安全,毕竟浴室里非常湿滑,孩子如果一不小心跌倒,就会引起很严重的后果。

两岁多的孩子虽然很渴望能够独立洗澡,但是他们并不具备独立洗澡的能力,所以父母需要一直陪伴在孩子身边,保护孩子,这是一项费时费力的工作。对于父母来说,如果时间很宽裕,那么和孩子玩一玩水当然是很好的,但是如果还有很多事情着急去做,那么就要限定孩子洗澡的时间。此外,如果还在冬天,孩子洗澡时间太长,也是容易着凉的,所以父母也要限制孩子洗澡的时间。也有一些孩子并不喜欢洗澡,他们正在玩着有趣的游戏,或者正在看精彩的电视节目,就会拒绝去洗澡。在这种情况下,爸爸妈妈可以用孩子喜欢的方式督促孩子洗澡,例如,为孩子准备他们喜欢的洗澡玩具,一把水枪或者是一群洗澡的时候玩的鸭子,这些玩具能增加孩子洗澡的乐趣,对于促使孩子洗澡是非常有效的。

洗澡并不是一个原则性的问题,所以在为孩子洗澡的时候，可以以孩子喜欢的方式进行，这样就能够激起孩子对洗澡的热爱，也会让孩子更加积极地配合洗澡，和父母一起把自己洗得干干净净的。这既有利于帮助孩子保持干净卫生，也能让孩子在玩水的过程中感受到快乐。

掌握窍门才能哄孩子穿上衣服

前文说过，很多孩子都喜欢脱光了衣服，赤裸着在屋里跑来跑去玩耍。如果是在夏天这样玩儿，还不至于着凉感冒；如果是在冬天这么跑来跑去的，则很容易着凉感冒，给孩子带来痛苦。对于年幼的孩子来说，这么玩耍无伤大雅，但随着不断成长，孩子越来越大，如果这样赤身裸体地玩耍就是很不礼貌的行为。所以，父母要掌握一定的窍门，才能够顺利地哄孩子穿上衣服。

很多父母都发现两岁的孩子尤其不喜欢穿衣服，这是为什么呢？通常情况下，两岁的孩子更擅长脱掉衣服，比起脱掉衣服的娴熟动作，他们穿衣服的动作则显得笨拙许多。很多两岁的孩子很容易就能脱掉鞋子、袜子，有的时候他们还能够脱掉外套、衬衫和裤子等。当然，和脱衣服的热情相比，两岁的孩子也会尝试着给自己穿上衣服，但是他们只能穿上很好穿的那些衣服，对于比较复杂的外套、裤子等，他们往往很难成功穿

好。在这种情况下,父母可以给孩子提供必要的帮助。很多时候,孩子在脱掉衣服之后也会很乐意穿上衣服,所以他会很配合父母。

对两岁的孩子来说,脱掉衣服并不只是睡觉之前会做的事情。在白天的时候,他们如果觉得无聊或者是突发奇想,也会脱掉自己的衣服,尤其是鞋子和袜子。很多孩子都喜欢赤裸着脚在房间里跑来跑去,这是因为他们可以通过脚底接触地面,对于他们的触觉发展是非常好的。

和两岁的时候并不计较自己是否能把衣服穿好相比,两岁半的孩子,对于穿衣服则斤斤计较。他们非常顽固,虽然他们还不具备熟练穿衣服的能力，但是他们坚持要按照自己的想法，把衣服整理出一定的次序，再根据次序穿衣服。有些孩子还表现出独特的个性，对父母给他们准备好的衣服，他们并不愿意顺从地穿上，他们更想自己选择一件衣服穿在身上。

两岁半的孩子会有各种各样的心思，在穿衣服的时候也会做出各种表现。有的时候，他们知道自己的能力还不足以把衣服穿好，所以会寻求父母的帮助。但是当父母真正帮助他们穿衣服的时候，他们却像一根软面条一样，躺在床上拒绝配合，对于孩子这样耍赖皮的行为，父母要有耐心。毕竟孩子才两岁半，他们会为穿衣服的事情乱发脾气，其实并不是无理取闹，而是一种正常的行为表现。

有些两岁半的孩子特别不喜欢穿衣服或者是特别拒绝穿衣服，为了避免自己被别人看见，他们还会试图躲藏起来，当父母强求他们穿某件衣服的时候，他们马上情绪暴躁。例如，在刚刚洗完澡的时候，孩子身上比较潮湿，穿衣服会比较困难。如果父母在这个时候试图给孩子穿上衣服，孩子就会在床上蹦蹦跳跳，试图躲藏。遇到这样的情况，父母不得不和孩子玩起游戏，四处寻找躲藏起来的孩子，只有成功找到孩子，才能够帮助孩子穿上衣服。

当然，面对着扭来扭去的孩子，父母是不可能把孩子捆绑起来给他穿上衣服的，那么这个时候就要使用一定的技巧。例如，父母可以把孩子放在一个较高的地方，这样孩子因为担心自己会从那个地方掉下来，所以就不会随便地动来动去。再如，在穿衣服的过程中，为了转移孩子的注意力，让孩子更加配合，父母可以给孩子讲一个有趣的故事，当孩子沉浸在故事情节中的时候，他们就不会再故意捣乱，而是乖乖地配合父母穿衣服。

不管采取哪种方式取得了孩子的暂时配合，接下来父母都要做好一件事情，那就是要快速地给孩子穿好衣服，因为孩子可以保持配合的时间是非常短暂的。父母要提前准备好给孩子穿的衣服，一旦孩子开始配合，父母就要加速给孩子穿衣服。

孩子的个性是非常强的，尽管两岁多的孩子还不具备独立穿衣服的能力，但是他们很在乎自己穿什么样的衣服以及鞋袜。在两岁半的时候，孩子会更看重他的帽子和手套，这是因为帽子和手套可以表现出他的时尚。也有一些孩子拒绝穿新衣服，这是因为新衣服对孩子而言相对陌生，或许穿起来也没有那么舒服。所以父母在为孩子选购新衣服的时候，可以参考孩子的意见，而不要完全取代孩子做出选择。

很多父母都有一个奇怪的发现，那就是在陌生的环境里，孩子会拒绝脱掉衣服，这是为什么呢？有的时候孩子明明热得满头大汗，但是他们还是穿着厚厚的衣服跑来跑去。从心理学的角度来说，这是因为在陌生的环境里，孩子会感到紧张，他们会依附于他们的衣服去获取安全感。如果脱掉了衣服，会让他们感到更加紧张和无助。在这种情况下，父母不要强求孩子脱掉衣服，而是要尊重孩子的选择和决定。当然，为了帮助孩子缓解紧张，父母要更多地关注孩子，陪伴在孩子身边。这样能够让孩子渐渐放松下来，孩子也就会愿意脱掉衣服了。

总而言之，给两岁多的孩子穿衣服既是一个技巧，也是一门艺术。作为父母，不要认为穿衣服就像是干其他的事情那么简单，毕竟穿衣服的对象是活泼可爱、古灵精怪的孩子。父母要在陪伴孩子的过程中，了解孩子的心理发育，了解孩子真正的小心思，只有这样才能够哄着孩子顺利地把衣服穿好。

制订规则，让两岁的孩子安然入睡

对于年龄较小的孩子来说，睡觉是一件简单的事情，他们饿了就会吃饭，困了就会睡觉，这些都是顺其自然、水到渠成的事情。尤其是小小的婴儿，也许一边吃着奶一边就睡着了。有的时候，妈妈只需要把婴儿放在摇篮里摇晃几下，婴儿就会安然入睡。但是自从到了两岁之后，孩子的睡觉问题就变成了一个大难题。父母会因为孩子睡觉引起的麻烦而抓狂。例如，两岁的孩子在白天也许会非常乖巧听话，但是到了晚上睡觉的时候，他们就会闹出各种动静来：或者要求父母抱抱他们，或者要求父母和他们一起睡觉，或者要求父母给他们讲故事，或者偷偷地溜下他们的床，去父母的卧室里散步，甚至还有可能睡着睡着，跑到客厅里玩起玩具了。

不得不说，孩子睡觉之前的这些行为表现，其中有一些是烟雾弹，而另外那些才是孩子真正的需求。对于新手父母来说，面对着第一个孩子，他们往往无法分辨哪些是孩子的真正需求，哪些是孩子故意做出来的捣乱行为。那么就需要父母在满足孩子需求的同时更关注孩子，对孩子睡觉的时间要进行明确规定。

当然，要想为孩子营造良好的睡眠氛围，解决孩子睡觉的各种问题，父母就要设身处地为孩子着想。有的时候，孩子的确是因为有需求没有得到满足，所以才会频繁地从床上起来。例如，孩子刚刚躺到床上就想去厕所小便，孩子刚刚躺在床上就想喝水，所以在孩子真正躺在床上入睡之前，父母可以把这些问题先行解决。例如，在孩子入睡之前，提醒孩子先去厕所小便，然后再去喝几口水。如果孩子怕黑，父母还可以为孩子准备小夜灯。为了让孩子的睡眠有仪式感，父母还可以和孩子互道晚安。当然，如果父母有时间，在孩子入睡前，陪伴孩子在小床上度过一段亲密的亲子时光，也可以有效地安抚孩子的情绪，让孩子期待即将到来的甜美睡眠。

如果说两岁孩子的睡眠已经成为一个问题，那么等到孩子两岁半的时候，让孩子乖乖睡觉已经成为横亘在父母面前的大难题，这是因为两岁半的孩子在睡觉之前有强烈的欲望，想要进行睡前活动，这使得睡觉对他们而言不再是一件简单的事

第 05 章
2 岁孩子的习惯养成——在尊重孩子意愿的基础上制订规则

情,而是成为一个复杂的问题。

两岁半的孩子也具有明显的秩序性,所以他们在睡觉之前会进行一套烦琐的流程,例如,孩子每天晚上都要进行洗漱,还要做一些固定的活动。在这样的情况下,只要有一个活动没有做好,孩子就会不愿意入睡,那么父母在经历了一天辛苦的工作,尤其是妈妈在做完所有的家务之后,抱孩子入睡的时候往往已经非常疲惫了,这时还要按照孩子的规矩来做每一件事情,会让妈妈更加疲于应付。

不管多么辛苦,父母都要尊重孩子的秩序性。很多孩子每天晚上睡觉之前的这一整套流程都是不可缺少的,甚至其中每件事情的顺序都必须是固定的。如果顺序被打乱,他们就会感到很不安。那么当顺序被打乱的时候,不要从被打乱的地方继续往下去进行,而是应该重新开始,这有助于孩子平复心情。

为孩子制订规矩,其实具体来说就是帮助孩子形成一定的仪式感。例如,让孩子每天在入睡之前都做一整套的活动,这样一来孩子就会意识到,在做完这一整套活动之后,他就该睡觉了。每个孩子对于睡觉前活动的需求都是不一样的,随着不断成长,孩子对于睡觉之前的这些活动的要求也会渐渐地发生变化。如果说两岁半前后,孩子对于这些活动的要求是最为注重的,那么等到三岁左右的时候,孩子就不会再执着于睡觉之前各项活动的完整性和秩序性。所以父母不要特别抓狂,因为只要陪伴孩子度过与众不同的两岁,孩子各方面的表现就会越来越好。

通常情况下,两岁多的孩子一旦入睡,就会睡得非常香甜。哪怕父母发出了轻微的响动,孩子也不会被惊醒。需要注意的是,这个阶段的孩子很容易做梦,在睡梦中惊醒的时候,父母要及时给予他们安抚,这样孩子才能够重新进入梦乡。也有一些孩子非常胆小,在两岁多的时候不能做到独立入睡,那么父母不要强求孩子分房分床入睡,毕竟孩子两岁多正是需要安全感的时候。父母可以继续陪着孩子睡一段时间,等到孩子四岁之后,再给孩子分房分床,这对孩子的身心发育都是比较好的。

孩子一旦入睡之后,就可以大概酣睡十一个小时。对父母而言,这真是难得的休息时光,父母可以拥有充足的睡眠,还可以腾出时间来做自己想做的事情。在睡醒了之后,只有少数的孩子会有起床气,因此哭闹不休,大多数的孩子在醒来之后都能够乖乖地玩一会儿。为了让孩子起床之后可以高兴地玩耍,父母可以提前为孩子准备一些玩具放在床边,这样哪怕父母起得晚,一些孩子也能够自娱自乐,而不会打扰父母的睡眠。

需要注意的是,很多父母因为孩子起床太早而感到苦恼。因为孩子起床太早,就会扰乱父母的睡眠,为此父母会采取让孩子晚睡的方式,试图让孩子晚起。实际上,这个方式只对极少数孩子有效,对于相当一部分孩子来说,他们即使头一天晚上睡得晚一些,次日也会在同样的时间起床,所以父母就不要试图以这样的方式来让孩子晚起，否则就会导致孩子睡眠时间不足。

充足的睡眠对于孩子而言和均衡的营养是同样重要的，都对孩子的成长不可或缺。所以父母不要只顾着为孩子提供均衡的营养，也要注意保证孩子充足的睡眠，这样孩子在成长过程中才能够更加健康。

对孩子进行大小便训练

在孩子三岁之前，很多父母都会开始对孩子进行大小便训练。虽然孩子很清楚自己应该什么时候上厕所，但是他们往往因为缺乏自控力或者因为玩得太过投入，不能够及时上厕所，所以他们常常尿湿尿不湿。

很多父母都不知道应该在何时对孩子进行大小便训练。实际上，只要认真观察，就能够发现对孩子进行大小便训练的最佳契机。例如，孩子在经历了两个小时的午睡之后尿不湿仍然是干燥的，那么这就意味着孩子在白天的其他时段也能保持尿不湿的干燥。在两岁到三岁之间，很多孩子都可以在白天的时间里保持尿不湿干燥，这是因为他们随着不断成长，已经渐渐地具备了控制大小便的能力。然而，在夜间的时候，很多孩子因为睡得深沉，所以不能自主地控制大小便。

在此期间，父母要对孩子进行大小便训练。当发现自己能够控制大小便时，孩子们也会感到非常有成就感，也会很乐意按照父母的要求去做。孩子是非常聪明的，甚至在父母没有明确表达的情况下，很多孩子就知道父母希望他们达到怎样的结果。

当然，为了对孩子进行大小便训练，父母应该为孩子提供更便利的条件。例如，在很多家庭里都只有成人使用的马桶，那么，两岁多的孩子用马桶的时候很容易掉入马桶里，这是非常危险的。如果父母能够为孩子准备一个专用的马桶梯子，或是为孩子准备一个非常可爱的小马桶，那么对于培养孩子的如厕能力和对孩子进行大小便训练都是非常有帮助的。

很多父母比较注重在白天的时候对孩子进行大小便训练，而认为孩子晚上是否尿床无关紧要。事实上，这样的想法是错误的。如果孩子能够做到整晚都不尿床，一觉睡到天亮都能够保持尿不湿干燥，那么则意味着孩子晚上可以不用穿尿不湿，也能够控制好自己的大小便。遗憾的是，大多数孩子都不能睡整晚的觉，他们往往需要在半夜的时候上一次厕所。有的父母感到非常抓狂，因为他们明明在孩子睡了四五个小时之后，已经抱着孩子去厕所进行了小便，但是早上起床的时候发现孩子依然把床尿湿了，这让父母感到非常纠结，不知道是应该在抱着孩子去上厕所的时候把孩子叫醒，让孩子清楚地知道自己已经小便过了，还是应该直接抱着睡得迷迷糊糊的孩子去小便。

很多父母都对这个问题争执不休。有些父母担心，如果把孩子叫醒，让孩子在清醒状态下小便，会影响孩子的睡眠，也有很多父母认为，如果不把孩子叫醒，那么孩子不知道他们已经小便过了，就有可能继续尿床。实际上，大多数孩子在八九点钟睡觉，如果父母在晚上11点左右的时候发现孩子已经尿在床上了，这就意味着孩子在睡眠的状态下还不能够很好地控制大小便，所以父母即使抱着孩子去厕所进行小便，也不能保证孩子在下半夜的睡眠中就能够做到不尿床。为了避免夜晚孩子把床尿湿，很多父母都会给孩子穿上尿不湿睡觉，这样一来就可以避免"水漫金山寺"了。

和小便把裤子尿湿相比，父母更担心的是，孩子会把大便

拉在裤子里，毕竟小便比较容易清洗，而大便则很难清洗。实际上，孩子在进入两岁之后，就很少会在裤子里拉大便了。大多数孩子都能做到每天大便，也有一些孩子会两天大便一次。孩子如果有自己的小马桶，那么他就会在想大便的时候去马桶上大便，他甚至会觉得很有趣，因为很多儿童用的马桶都是卡通的，还带有音乐。对于两岁的孩子来说，已经开始吃五谷杂粮，如果他们把大便拉在裤子里，妈妈清洗裤子会非常麻烦。为了避免这种麻烦，当孩子出现把大便拉在裤子里的情况时，很多妈妈会选择继续给孩子穿尿不湿。然而，孩子在三岁前后就要进入幼儿园生活，所以父母对孩子进行如厕练习，教会孩子控制大小便是迫在眉睫的事情。

也有一些孩子并不会频繁地大便，相反，他们会出现大便干燥的情况，会在两三天的时间才大便一次。父母会因为孩子间隔时间太长才拉大便而感到焦虑，其实在很多情况下，父母是有必要提醒孩子按时排便的。这是因为，如果大便长时间地留在孩子的身体内，就会被小肠吸收水分，变得特别干燥，孩子就会出现便秘的情况，导致在大便的时候非常痛苦。

如果孩子出现便秘的情况，父母要为孩子提供更丰富的膳食纤维食物，也可以让儿科医生给孩子开一些通便的药物，促使孩子及时排便。如果能够帮助孩子养成每天都拉大便的习惯，尤其是固定孩子拉大便的时间，那么简直太完美了。这样一来，孩子每天在大便之后，只要不出意外，就不会再大便，这将会给父母带孩子减少很多麻烦。

　　吃喝拉撒是基本的生理需求，在满足孩子基本的生理需求之后，孩子才谈及成长。作为父母，对于孩子的成长要付出足够的耐心，也要能够对孩子循循善诱。孩子从一个新生命呱呱坠地，什么都不会，到渐渐成长，具备各方面的能力，这需要一个漫长的过程。在此过程中，孩子离不开父母的陪伴、照顾和引导。父母唯有更加关注孩子，为孩子营造良好的成长氛围，才能够助力孩子健康快乐地成长。

第 06 章
2岁孩子的心智发展——规范引导、纠正不良个性

  2岁的孩子正处于身心发展的关键时期，在这个阶段，孩子会渐渐地形成个性。当发现孩子的个性成长偏离正轨的时候，父母要及时纠正孩子，规范孩子的言行举止，这样才能够让孩子更好地成长。

孩子为何会自私

周末,妈妈带着闹闹去小姨家里玩,妈妈给小姨家的孩子琪琪买了一个玩具,让闹闹带去小姨家,作为小客人把这个玩具送给小主人琪琪。闹闹到了琪琪家里之后,拿着玩具却不愿意送给琪琪,而且琪琪想要把玩具拆开来玩,闹闹也坚决不同意。为了这个玩具,琪琪和闹闹吵得不可开交,妈妈非常尴尬,对闹闹说:"咱们不是说好了,要把这个玩具送给琪琪的吗?你至少要打开和琪琪一起分享呀!"闹闹哭着说:"我不,我不,我就不!这是我的玩具!"

原本说好的事情也许转眼之间就会发生变化,这是因为两岁的孩子非常自私。他们并不愿意把自己的东西与他人分享,更不愿意把自己心爱的玩具送给他人。尤其是现代社会中大多数孩子都是独生子女,在家庭生活中,他们得到父母和长辈所有的爱和照顾,不管有什么愿望都能够得到满足,渐渐地,他们就会形成以自我为中心的错误想法,认为自己理所应当得到所有人的关注,得到所有人的照顾,也认为自己不管有什么需求,都应该在第一时间被满足。

在家庭生活中,很多父母都会过度地关心孩子,他们生怕孩子吃亏上当,或者受到任何委屈,因而他们把所有的心思都投入到孩子的身上。在父母无微不至的照顾中，孩子很容易形成依赖父母的坏习惯，他们有任何需求都会对父母提出，他们有任何愿望都会请求父母满足。渐渐地，他们变得越来越固执，而且会变得非常傲慢，尤其是他们与其他小朋友在一起相处的时候，他们还会非常霸道自私，这就给他们的人际关系带来了很大的困扰。

所谓自私，通俗地说，就是孩子的心中只有自己，不管做什么事情还是考虑什么问题，他们都只考虑自己。他们只注重自己是否幸福，是否快乐，而很少会去考虑其他人的感受。尤其是在有利益之争的时候，他们更看重要满足自己的欲望，而把他人的需求置之不顾。孩子才小小年纪，为什么就会形成自私的本性呢？其实，自私是人天生的本能之一，每个人天生就有利己主义的倾向，尤其是对于孩子而言，他们身心发展还没有成熟，所以就更加受到本能的驱使，表现出自私的特点。

另一个方面的原因是，孩子在做很多事情的时候，衡量的标准就是是否对自己有利。他们不管做什么事情都会以满足自己的欲望和需求为前提，他们更注重维护自己的利益，而不会考虑到他人的需求和利益。在这种心态的影响下，孩子就会变得更加自私，而且在考虑问题的时候会很片面。

孩子在后天的发展过程中，之所以自私的本性越来越突出，是因为父母并没有采取正确的方式来教育孩子。在孩子成长的过程中，如果父母对孩子的所作所为有失偏颇，或者对孩子起到了一定的误导作用，给了孩子错误的教育，那么孩子就会感到非常迷惘和彷徨。例如，有些父母特别宠爱孩子，哪怕孩子要天上的月亮，他们也恨不得摘下来给孩子。有些父母对孩子毫无原则，即使孩子犯了错误，他们也不会批评孩子，而是对孩子一味地容忍和迁就，在这样的环境中，孩子肆意成长，很少接受规则的约束，总是认为身边的一切人都应该围绕着他们转，所以就形成了凡事都只顾自己的坏习惯。

为了帮助孩子改掉坏习惯，父母要做到以下几点。

第一点，在生活中要创造机会，让孩子学会关心他人，也学会为他人付出。生活中，在很多家庭里，父母都已经习惯了

全心全意地为孩子付出，却很少要求孩子对父母付出。如果孩子总是这样得到父母的付出，却没有形成为父母付出的意识，那么即使有一天长大成人，孩子也不知道感恩父母。所以在现实生活中，父母要多创造机会，让孩子懂得关心父母，也懂得感恩父母。例如，在父亲节、母亲节的时候，可以让孩子为父母准备一个小小的礼物。再如在日常生活中，如果父母都在忙着做家务，那么可以让孩子做一些力所能及的事情。实际上，很小的孩子就能够做一些事情。例如，一岁的孩子可以把自己穿脏的尿不湿扔到垃圾桶里，虽然这件事情看起来很微不足道，但是对于孩子而言却是成长的标志。父母要根据孩子的能力发展，为孩子创造机会，让孩子做一些力所能及的事情。这对帮助孩子戒掉自私的坏习惯，培养孩子的感恩之心，是非常有好处的。

　　第二点，在家庭生活中，父母切勿对孩子搞特殊化，把孩子当成家里的一个特别的存在。每个人都是家庭里的成员，不管家里有什么福利待遇，每个家庭成员都应该是平等享受的。有些父母偏偏对孩子特别地关爱，会给孩子做不同的饭菜吃，也会给孩子准备特别的水果，还会给孩子更多的优势条件。在这样的情况下，孩子就会认为自己与众不同，也觉得自己完全有权利独享一些东西，自然会在家庭生活中进入一个误区，也不能以公平的心态去对待他人。

　　第三点，在人际相处的过程中，当孩子表现出自私的特点时，父母要及时提醒孩子，让孩子与小朋友分享，也让孩子感受到分享的乐趣，这样才能够引导孩子树立正确的价值观。每个人包括孩子在内，都希望得到身边人的认可，所以当孩子乐于分享的时候，得到身边人的认可，他们本身也是会非常开心的。在这样的机会下，父母正好可以顺势教育孩子更加乐于分享，这将会对孩子起到很好的强化和激励作用。

家长娇惯，孩子任性

皮皮是一个特别任性的孩子，不管做什么事情，他都要求按照自己的心意去做，稍微有不满意，他就会躺在地上，撒泼打滚不停哭闹。妈妈最害怕皮皮哭闹不休，一旦看到皮皮哭闹，妈妈马上就会缴械投降，原本不同意皮皮做某件事情，立刻就同意了，原本不愿意为皮皮买某个东西，马上就给皮皮买了。渐渐地，皮皮意识到哭闹是最好的杀手锏，所以当有欲望不能得到满足的时候，他就会哭闹，每次都能逼得妈妈对他妥协。

夏天来了，又到了吃冰激凌的日子。皮皮特别喜欢吃冰激凌，和大多数小朋友每天最多只能吃一块冰激凌不同，皮皮有的时候恨不得一天要吃五六块冰激凌，这还是在妈妈严格管控的情况下。如果妈妈不严格管控他，他很有可能一天之中连一口饭都不吃，不管妈妈把冰激凌藏在冰箱的哪个角落里，皮皮都能够找到。有的时候，妈妈只能把家里的冰激凌全都扔掉，每次皮皮要吃冰激凌的时候，就去楼下的超市里给皮皮买一块。但是这也有一个麻烦，那就是家里没有冰激凌，皮皮吃完一块冰激凌，很快又要吃冰激凌，天气那么炎热，没有人想去楼下超市给皮皮买冰激凌，这就引发了新的矛盾。最终妈妈意识到让皮皮每天吃几块冰激凌，并不是由家里有多少冰激凌决定的，而是由皮皮的任性决定的，所以妈妈决定要改掉皮皮任性的坏毛病。

有一天，妈妈买了十几块冰淇凌回到家里，放在冰箱中保存。这一次，妈妈非常严肃地对皮皮说："皮皮，你每天只能吃一块冰激凌，如果你要吃好几块冰激凌，妈妈马上就会把冰激凌全都扔掉，而且这个夏天再也不会买冰激凌。这次我一定说到做到，你可要记好了。"皮皮一开始点头答应得好好的，高兴地拿起一块冰激凌吃了起来，才过去了一个小时，他就去冰箱里翻找冰激凌。这个时候，妈妈把装满冰激凌的袋子拎起来走向垃圾桶，皮皮没想到妈妈真的会把冰激凌扔掉，吓得号啕大哭起来，妈妈却丝毫不妥协，当即把冰激凌扔到刚刚换了崭新垃圾袋的垃圾桶里。看到冰激凌躺在垃圾桶里，皮皮被吓呆了，向妈妈保证不吃了。这个时候，妈妈再次对皮皮说："如果你每天只吃一块冰激凌，家里会一直都有冰激凌，你每天都可以吃。如果你每天要吃很多冰激凌，那么从现在开始，家里就再也没有冰激凌了。你选哪一个？你是选择每天吃一块冰激凌,还是让妈妈把冰激凌扔在垃圾桶里呢?"皮皮想了想,哭着说:"明天吃!"就这样,妈妈在和皮皮的第一次博弈中,获得了胜利。后来的几天,皮皮每天都吵闹着要吃不止一块冰激凌,妈妈始终坚持原则,绝不对皮皮妥协。就这样,皮皮终于死心塌地地开始遵守规则,他再也不奢求每天吃不止一块冰激凌了。

皮皮为什么每天都会吃那么多冰激凌呢?其实每个孩子都喜欢吃甜食,而且缺乏自控力,尤其是对冰激凌,孩子几乎毫无抵抗能力。那么皮皮每天吃那么多冰激凌,原因并不在于皮皮,而在于妈妈。实际上,因为妈妈的娇惯,使得皮皮变本加厉。妈妈一看到皮皮哭就会妥协,这使皮皮更加频繁地使用哭闹这个杀手锏逼着妈妈就范。

如今很多孩子身上都有固执任性的坏习惯,他们小时候还非常听话,但是在自我意识觉醒之后,越来越不愿意配合父母去做一些事情,也不愿意遵守父母制订的各种规则。不管做什么事情,他们都想由着自己的性子来,那么每当看到孩子任性胡闹不听话的时候,父母也会失去理性,为了让孩子当即停止哭泣,就会对孩子妥协。有的父母为了减少亲子矛盾,会放任孩子,有的父母为了在孩子面前树立权威,会对孩子严加管教。殊不知,这些做法并不能够真正帮助孩子戒掉任性、自私的坏习惯,反而会使孩子的任性行为越来越严重。正确的做法是要为孩子树立规则,确定家庭行为的边界,让孩子主动遵守父母制订的家庭规则，从而让孩子的行为表现越来越好。

从心理学的角度来说，父母要对自己做好角色定位，也要对孩子做好角色定位。在一个家庭中，不管是父母还是孩子都扮演着自己的角色，如果对于自己的角色定位是错误的，那么就会导致孩子的成长出现问题。当然，要想给孩子准确定位，父母就要先把自己定位好。在有些家庭里，父母总是随意迁就孩子，面对孩子各种没有限度的要求，父母总是无原则地满足，这使得孩子失去了行为边界，常常提出各种各样更加过分的要求。那么当父母发现孩子非常任性的时候，就应该充分了解孩子的身心发展规律，也要知道孩子独立性发展的特点，这样才能够有的放矢地对待孩子。

当发现孩子已经形成任性的坏习惯时，父母一定要冷静、理性地对待。有些父母对孩子歇斯底里，殊不知总是对孩子大喊大叫，会给孩子带来非常负面的教育作用，使孩子在面对自己成长中的各种问题时，不能够积极地应对，也养成暴躁的坏习惯，对父母大喊大叫。有人说父母是孩子的第一任老师，孩子是父母的镜子，在孩子身上出现的一切问题都能够从父母身上找到根源，所以当父母对孩子感到不满意的时候，先不要急于批评孩子，而是应该先从自己身上寻找原因。具体来说，父母要做到以下几点才能够做到不骄纵，也能帮助孩子戒掉任性的坏毛病。

第一点，当发现孩子出现任性的行为时，不要对孩子表示妥协，否则一旦孩子认识到父母是有软肋的，他任性的行为就会变本加厉。在这种情况下，父母可以采取转移注意力的方法，让孩子把关注点转移到其他的事情上，从而暂时忘记他们想要达到的目的，这样一来，就给了父母和孩子更多的时间去思考，恢复情绪的平静，这对于父母和孩子同心协力地解决问题是有好处的。

第二点，要对孩子的任性防患于未然，也要教会孩子疏导不良情绪。很多父母一旦看到孩子出现任性的行为，就会感到非常抓狂，不知道应该如何应对。实际上，孩子之所以做出任性的举动，是因为他们的情绪出现了问题。因而父母要从孩子任性行为的表面，看到孩子任性行为的本质，找到孩子任性的原因，这样才能够及时满足孩子的一些合理需求，也坚决拒绝孩子那些不合理的要求。要为孩子确立行为边界，把孩子任性的苗头扼杀在萌芽状态，这样才能做到真正的防患于未然。

有些家庭里，父母教育孩子全看心情，如果父母心情好，就可以允许孩子做各种事情。如果父母心情不好，就对孩子各种挑剔和苛责，这会让孩子感到非常混乱，因为他们不能够从父母那里找到一个确定的行为标准，他们不知道自己的某个举动为何在今天能够得到父母的赞同，在明天又会引起父母的勃然大怒。这使他们不知道自己该做什么，也不知道自己该坚持什么。所以父母一定要成为自身情绪的主宰，尤其是在教育孩子的时候，要保持相对平静和稳定的情绪，给予孩子一个恒定的行为标准，这对于教育孩子是非常有好处的。

  第三点，和孩子约法三章，尽量避免事后补救。对于很多问题的发生其实都是可以预见的，毕竟在家庭的教育生活中，有很多问题并不是第一次发生。这样一来，每当有问题发生的时候，父母与孩子发生冲突，最终找到了合理的解决方案，那么就应该针对此类问题约法三章，约定当再次发生类似的问题时，应该怎么做。这就能够有效地避免问题再次发生时与孩子之间爆发冲突，也可以让孩子不再任性。

  虽然我们提倡要为孩子营造民主平等的家庭氛围，给予孩子一定的自由去做出选择，但是我们也提倡在需要坚持原则的时候，一定要坚定不移地对孩子坚持原则。尤其是作为父母，当孩子对父母提出各种过分的要求时，父母要做到非常坚定地拒绝，而且要在孩子面前说一不二，这样在处理那些棘手的问题时才能避免孩子讨价还价。当然，对于那些已经约法三章的事情，父母要坚持原则，不要因为一些不值一提的原因就轻易改变，否则孩子就会钻父母的空子，认为自己即使不遵守原则，也不会有什么后果，从而无视规则。不管是在家庭生活中，还是在社会生活中，规则都是非常重要的，父母需要帮助孩子建立内在的秩序感，引导孩子学会遵守规则，也要避免骄纵和宠溺孩子，从而让孩子不再任性。

我的孩子2岁了

孩子为何执拗，不听劝

琪琪现在越来越不听话了，不管妈妈说什么，她都不愿意听，尤其是在犯了倔脾气的时候，更是故意和妈妈对着干。与一岁的时候对妈妈言听计从相比，现在的琪琪简直就像变了一个人。

周末上午，妈妈带着琪琪去公园里玩。公园里有一个几十级的台阶，上面是一片宽敞的空地，每次去公园里玩的时候，琪琪都会自己爬到台阶上，但是这一天琪琪不知道为什么偏偏要妈妈抱着她往台阶上爬。妈妈的腰椎一直不好，有腰间盘突出的老毛病，现在琪琪已经两岁多了，体重达到了30多斤，所以妈妈根本抱不动琪琪。琪琪就抱着妈妈的腿哭闹不止，哭着爬了几个台阶后就坐在地上不愿意起来。为了让琪琪停止哭泣，妈妈只好抱起琪琪，但是琪琪在妈妈怀里还是哭得歇斯底里，她要求妈妈走到台阶起点的地方，抱着她上台阶，而且中间不许停下来，必须一直爬到台阶的最上面。妈妈因为琪琪的这个无理要求非常生气，当即对琪琪说："如果你不想去上面玩，那么我们现在马上就回家，好不好？"听到妈妈说要回家，琪琪更害怕，更生气，哭得更伤心了。

原本应该愉快度过的周末，就因为琪琪闹情绪，所以妈妈和琪琪都很不开心。到了中午的时候，妈妈和琪琪一起去麦当劳餐厅吃饭，平日里琪琪最喜欢吃儿童餐，但是这一天她对

第 06 章

2 岁孩子的心智发展——规范引导、纠正不良个性

抱！

儿童餐里的汉堡和薯条都不满意,坚持要吃另外一款薯条和汉堡。妈妈已经给琪琪买了儿童餐,觉得非常浪费,拒绝再给琪琪买另外一款汉堡和薯条。但是妈妈答应琪琪下一次来麦当劳吃饭的时候,给她买另外一款汉堡和薯条。琪琪又开始哭起来。妈妈只好抱着琪琪回家了。

从两岁半之后,孩子进入了执拗敏感期,原本很好沟通的他们,在进入执拗敏感期之后,会变得特别固执。尤其是对于父母的命令,他们往往不愿意听从。即使父母非常和颜悦色地给他们建议,他们也偏偏要和父母对着干。两岁半前后,这种现象会更加频繁地出现,孩子的执拗也会越来越强烈,但是这

我的孩子2岁了

并不像父母所理解的那样，孩子在故意与父母作对，而是因为随着自我意识的不断发展，孩子在行为上更加渴望能够摆脱父母的命令，从而更加独立，这意味着孩子正在成长。

看到孩子这样执拗的表现，父母亲应该感到欣慰。因为这意味着孩子进入了执拗敏感期，所谓执拗敏感期是孩子人生的第一个心理反抗期，这是因为两岁多的孩子开始能够独立地进行思考，也有了自己的主见，在面对很多事情的时候，他们不愿意再听从父母的安排，尤其是当父母对他们发号施令的时候，他们会非常抵制和抗拒。在这个阶段里，孩子的语言能力并没有发育成熟，所以，他们无法用语言表达对父母的抗拒，也不能够用语言来表达自己内心深处的想法、情感以及各种情绪，这决定了孩子会更倾向直接采取行动来证明他们内心的真实想法，这样直截了当的行为表现在父母眼中，却被定义为执拗。

从孩子身心发展的角度来说，所谓执拗，是孩子从依赖于父母到独立面对世界必然经过的一个过程。每个孩子在两岁半前后普遍会出现执拗的行为表现，执拗敏感期大概会持续半年到一年的时间。在这个阶段里，父母要更加理解孩子的心理需求，也要尊重孩子的心理需要，尤其是要能够掌握孩子在执拗敏感期中表现出来的各种心理特征，这样才能够与孩子更好地相处，避免戳中孩子的逆鳞。

对于大多数孩子在正常范围内的执拗，父母是无须去惩罚孩子的，而是要尊重孩子，帮助孩子发展自我意识，培养孩子的独立性。也不乏有些孩子的执拗会表现得特别过激，甚至会引起严重的后果。那么在这种情况下，父母有必要让孩子承担引起的严重后果，这样孩子才会记住自己执拗引起的后果，也才能够有所收敛。

当可怕的两岁到来的时候，执拗敏感期也跟随到来，那么在和孩子相处的时候，父母要做到以下几点，才能够避免触碰孩子的逆鳞，也才能够减少孩子的执拗表现。

第一点，父母可以对孩子顺其自然，在了解孩子身心发展特点和规律的基础上，父母要对孩子采取顺势而为的做法。随着不断成长，孩子的逻辑会逐渐地发生改变，也许孩子在执拗敏感期表现得非常暴躁易怒，那么在执拗敏感期之后，他们又会回归到一岁左右的温顺与平和。父母还要尊重孩子对某一件事情的预期，而不要强求孩子必须按照父母的安排去做。有些事情，如果不会引起严重的、无法承担的后果，何不就让孩子去撞南墙呢？让孩子去亲身验证哪一种做法是正确的、哪一种做法是错误的，这样才能对孩子起到更好的教育效果，也才能水到渠成地改变孩子的思维模式。

第二点，一切的家庭教育都要建立在亲子沟通的基础上，如果父母与孩子之间并没有办法进行良好的沟通，那么父母即使有非常好的教育理念，也无法对孩子开展。虽然孩子只有两岁多，但是父母也同样要与孩子之间多多沟通，尤其是要非常用心地倾听孩子的心声。两岁多的孩子语言表达能力发育得还不够完善，所以他们在诉说自己想法的时候不能够做到干脆果断、滔滔不绝。父母要有足够的耐心听孩子牙牙学语地说一些事情，有的时候还要用心地观察，通过孩子的言行举止来了解孩子行为背后蕴含的深刻含义。只有采取这种理解和尊重的方式，才能真正走入孩子的内心。很多父母会与孩子硬碰硬，强求孩子必须按照父母的说法去做，但是打骂会让孩子的叛逆行为更加严重，也会让亲子关系剑拔弩张。

第三点，也就是我们前文说过的，父母在和孩子沟通的时候，要掌握语言的技术，也要掌握语言的艺术。同样一句话，换作不同的方式说出来就会起到不同的效果。前文我们曾经详细讲述过父母要以肯定的方式和孩子说话，要给孩子建议，不要命令孩子，要尊重孩子，不要强求孩子，要让孩子选择。此外，父母还需要注意的是在同一时间，不要给孩子太多的指令，否则孩子就会无法接受和消化。父母应该给孩子简单明确的指令，这样有助于孩子执行指令。此外，父母对孩子发出的指令要符合孩子的能力，不要超出孩子当前的能力发展水平太多，否则孩子就会因为不能实现目标而产生挫败感。总而言之，亲子沟通在家庭教育中非常重要，父母要想让孩子不再那么执拗，不再那么叛逆，就要从各个方面去努力，才能更好地陪伴孩子成长。

孩子好动、故意捣乱，并非多动症

特特两岁八个月了，简直是家里的捣蛋大王。只要特特在家里，家里就会乱七八糟，而当他不在家里的时候，妈妈把家里收拾得干净清爽，看起来心旷神怡。有的时候，妈妈真想把特特就放在奶奶家里，让爷爷奶奶带着特特，这样家里也可以清静一些。但是几天不见特特，妈妈又会非常想念，就这样，妈妈一会儿把特特接回家里过几天，一会儿又把他送到爷爷奶奶家里住几天。

假期的时候，妈妈和爸爸都休息，妈妈把特特接回家里来。才五天的假期，他就把家里翻了个底朝天，他一天之中除了睡觉之外，片刻也不闲着，每时每刻都在动来动去。他不仅好动，而且还常常故意捣乱，比如他会把妈妈衣柜里收拾得干干净净、整整齐齐的衣服扔得到处都是；他会用彩笔在妈妈新买的桌子上画画；他会把爸爸的书撕下来几页，折纸飞机玩；他还会用妈妈的口红在镜子上画一幅笑脸。看到特特这样的举动，妈妈简直要崩溃了，妈妈对爸爸说："特特这么好动，是不是有多动症啊？将来上学之后他如果也这么每天动来动去的，该让老师多么抓狂！"

每当看到孩子特别活泼好动，尤其是每一刻都不能闲下来的时候，父母总是会抓狂，甚至怀疑孩子有多动症。实际上，并不是所有的孩子都有多动症，相反所有的孩子都非常顽皮好动，这是孩子的天性。很多父母对孩子的总结和概括都非常到位，那就是孩子除了睡觉的时候一刻也不得闲。的确，对于两岁多的孩子来说，这就是他们生活的常态，即除了睡觉的时候能安安静静地躺着，其他时候他们都在上下翻腾，都在家里各种捣乱。其实，孩子这样的表现完全是正常的，而并非多动症。这是因为两岁多的孩子精力旺盛，似乎不知道疲倦。在整个白天的时间里，他们连五分钟的时间都待不住，总是在动来动去。

如果随随便便就给孩子扣上一个多动症的帽子，那么父母无疑是对孩子不负责任，甚至有些父母为了让孩子能够保持安静，还会给孩子吃一些镇静类的药物，从而让孩子能够相对更长时间地保持安静。实际上，这种做法是非常危险的，孩子多动是很正常的表现，如果父母因此给孩子服用药物，那就有可能危害孩子的健康，使孩子的身心发展受到伤害。

那么，什么是多动症呢？从医学的角度来说，多动指的是孩子无法控制自己的行为举动，总是做出过量的行为，他们不能够控制自己放缓活动的节奏，也不能够安静地坐在某个地方，这样一来，他们就会非常暴躁，他们的注意力只能保持非常短暂的时间，情绪很容易陷入冲动起伏之中。但是和真正患有多动症的孩子相比，好动的孩子并不是完全不能坐在某个地方，例如，他们在看自己喜欢的动画片或者正在津津有味地读一本书的时候，就可以长时间地坐在那里保持专注。由此可见，多动症与孩子好动是有本质区别的，只有在医生诊断孩子的确患有多动症的情况下，父母才能够说孩子患有多动症，否则切勿轻易给孩子贴上多动症的标签。

孩子为什么好动呢？除了因为孩子精力充沛之外，还因为孩子养成了好动的行为习惯。对于孩子好动的行为表现，父母一定要怀着坦然的态度去接受，而不要因为孩子好动就训斥孩子，简单粗暴地对待孩子，否则非但不能够让孩子控制好自己的多动倾向，反而会损害孩子的心理，甚至还会使亲子关系变得越来越紧张。孩子好动往往意味着孩子是非常健康的，反之，当一个平日里非常好动的孩子突然蔫头耷脑地坐在某个地方不动的时候，父母就要想想孩子是不是身体不舒服，或者是出了什么问题。

有些孩子之所以很好动，是因为他们想要吸引父母的关注。很多父母因为忙于工作，每天并没有太多的时间陪伴孩子，也因为忙着做各种各样的事情，所以会忽视孩子。在这种情况下，孩子就会故意做出一些举动来吸引父母的注意。如果孩子是因为这个原因多动，那么父母要满足孩子的心理需求，要多多关注孩子，给予孩子关爱，这对孩子而言是非常有好处的。

具体来说，要想帮助孩子戒掉多动的坏习惯，父母可以从以下几点着手进行。

第一点，帮助孩子发泄多余的精力，白天让孩子进行充分的运动，很多孩子都是因为精力充沛，因而多动。那么父母就要有的放矢地解决问题，在白天的时候带着孩子进行一些运动，让孩子能够消耗掉所有多余的精力，这样等到夜晚降临或者是需要睡觉的时候，孩子就会保持安静。

第二点，也可以陪伴孩子做一些感兴趣的事情，来培养孩子的专注力。当孩子专注地做某件事情的时候，他们就会相对平静。有些父母非常喜欢孩子进入一种状态——动若脱兔，静若处子。动若脱兔，就是说孩子在好动的时候就像兔子一样非常灵活，而在安静的时候则非常安静，能够保持专注。当然，孩子并非从一出生就能够具有这样好的状态，而是要通过后天的培养和锻炼，才能够渐渐形成良好的状态。这离不开父母对孩子悉心的调教和耐心的陪伴，如果父母总是能够陪着孩子做这样的活动，那么孩子在运动方面的表现就会更好。

第三点，要增强孩子的自控力，很多孩子之所以多动，是因为缺乏自控力。当然，孩子的自控力是需要后天养成的，是可以通过一些相关的训练不断提升的。如果父母有意识地对孩子进行自控力的训练，那么就能提高孩子的自控力。当然，做任何事情都不能着急，在培养和提升孩子自控力的过程中，父母要遵循循序渐进的原则，当看到孩子有小小的进步时，要多多鼓励和认可孩子。这样孩子才能够树立信心，也才更愿意坚持做到更好。

总而言之，两岁多的孩子不管性格是内向还是外向，他们一定都是好动的，所以父母要从心理上接受孩子好动的本质，而不要轻易给孩子贴上多动症的标签。为了让孩子能够更长时间地保持安静和专注，也可以对孩子进行相关的训练，最重要的是，要始终怀着耐心和爱来对待孩子，才能够达到预期的效果。

情绪多变的孩子需要宣泄

豆豆两岁半了，最近他的情绪总是反复无常。有的时候，他非常听妈妈的话，不管妈妈说什么，他都愿意顺从，和妈妈相处的时候，他也情绪愉悦；但是有的时候他却会又哭又闹，情绪非常暴躁，对妈妈说的一切话都表示反对和否定，总是很抗拒妈妈。在这样的情况下，妈妈常常感到无所适从，不知道豆豆是怎么了，总是这样反复无常。

以前豆豆最喜欢睡午觉啦，每天中午吃完饭休息片刻之后，他和妈妈就会把窗帘都放好，然后一起躺在清凉的室内，在炎热的夏天中，开着空调的睡眠模式舒舒服服地睡一觉。毕竟夏天是很漫长的，如果白天不睡觉的话，到傍晚的时候，豆豆就会很困倦，晚上就没有精力玩了。但是最近这段时间豆豆却很排斥睡午觉，有的时候妈妈哄着豆豆睡午觉，妈妈都已经睡着了，豆豆却还躺在床上翻来覆去。好不容易睡着之后，等

我的孩子2岁了

到起床的时候，豆豆又不像以往那样笑眯眯地醒来，而常常会哭闹不止。有一天下午，豆豆两点多睡醒午觉，居然哭到了四点多，哭了一个多小时，这让妈妈特别抓狂。

虽然妈妈早就听人说孩子会有起床气，但是她不知道豆豆为何从小睡觉都很省心，情绪也非常好，现在到了两岁多应该是表现更好才对，而豆豆却更喜欢生气了呢？

和小朋友玩的时候，豆豆也是这样，前一刻还很高兴，哈哈大笑，后一刻就噘着小嘴巴，生起气来。有的时候，妈妈都被豆豆搞得莫名其妙，不知道豆豆为什么要生气。几次三番发生这样的情况，妈妈劝说豆豆不要生气，但是效果并不好。有一次，妈妈看到豆豆和好朋友突然闹起了别扭，谁也不理谁，还互相对着吐口水，妈妈忍不住给了豆豆一巴掌，豆豆号啕大哭了一个下午。

很多父母都会发现两岁多之后，孩子的情绪变得越来越复杂，而且就像五月的天一样时而阴雨时而晴朗。这是为什么呢？相比孩子小时候情绪比较稳定，两岁多的孩子情绪反而更加反复无常，这是因为孩子小的时候只有生理的需求需要满足，他们的身心发展所处的阶段，决定了他们并没有那么多情绪。但是到了两岁之后，孩子的自我意识开始萌芽，他们的情绪也进入了一种非常不稳定的状态。他们希望自己的要求能够得到满足，也希望自己得到父母的关注。他们希望得到自己想要的东西，也希望自己不要受到任何委屈。但是生活不如意十之八九，即使是无忧无虑的孩子，也不可能对生活的所有方面都感到满足，所以父母就要对孩子的情绪更加了解，知道孩子情绪不稳定是由于什么原因导致的。

通常情况下，孩子之所以情绪不稳定，是因为孩子的自控能力相对比较差，两岁多的孩子自控力发展得不够好，所以他们情绪不稳定的现象也更加明显。此外，孩子之所以情绪不稳定，是因为他们没有得到父母正确的对待，有太多的父母都不知道应该如何面对孩子复杂多变的情绪，尤其是当孩子陷入情绪的漩涡中无法自拔的时候，父母更是不知道应该如何正确应对。在这种情况下，父母错误的方式更是加重了孩子的情绪，使孩子的情绪处于剧烈的波动之中。

人是情感动物，每个人都会产生各种各样的情绪，孩子也是如此。实际上，情绪是否能够保持平静和愉悦，对于人的影响是很大的。在美国曾经有心理学家对霍桑工厂进行了心理学研究，他们通过各种措施来提升工厂的生产效率，都收效甚微。后来发现当给工人提供良好的渠道，让工人宣泄心中的负面情绪之后，工厂的工作效率得到了大幅度提升。后来，心理学家们把这种效应定义为霍桑效应。霍桑效应告诉我们在现实生活中人们理应通过有效的途径发泄不良情绪，这样才能保证身心健康。这个道理同样适用于孩子。在成长的过程中，孩子虽然看似无忧无虑，实际上会产生各种负面的情绪。有些父母往往会压制孩子的情绪，不允许孩子发泄情绪，这对于孩子的健康成长是不利的。正确的做法是给孩子机会去宣泄情绪，让孩子把积压在心中的负面情绪都宣泄出来，这样才能保持心情舒畅。只有心情平和的孩子才能与其他孩子之间建立良好的关系，也才能够形成健全的人格，这对于孩子的身心健康都是大有好处的。

那么，父母应该如何帮助孩子宣泄情绪呢？例如，父母可以转移孩子的注意力，在孩子情绪非常冲动的情况下，给孩子好吃的零食，或者给孩子好玩的玩具，让孩子暂时把注意力转移到其他事情上。这样一来，就可以为情绪按下暂停键，给孩子时间恢复平静。再如，父母还可以带着孩子做一些有趣的活动，让孩子感受到心情的愉悦。尤其需要注意的是，不管孩子的情绪有多么糟糕，父母都不要以暴制暴，否则只会让孩子的身心更受伤害。

父母爱孩子，绝不是满足孩子的吃喝拉撒等最简单的生理需求这么简单。孩子是一个活生生的生命个体，他是与众不同的，也是不可取代的，父母只有真正走入孩子内心的世界，了解孩子心中的所思所想，才能够帮助孩子。

在日常生活中，父母还要做好孩子的榜样，有很多父母本身不会控制自己的情绪，常常因为各种原因而处于情绪失控的状态，这样无形之中就会给孩子造成负面的影响。此外，父母还要帮助孩子形成有规律的生活，让孩子每天在固定的时间里做相对应的事情，这对于帮助孩子保持情绪平稳也是非常有好处的。

  当孩子因为负面情绪而做出一些过激的举动时，父母要让孩子承担相应的责任。有些孩子发完脾气之后就像没事人一样，却不知道自己随便发脾气给他人带来了多大的伤害。在必要的时候，父母要让孩子承担发脾气的后果，这样孩子才能够更加深刻地反思自己。

  总而言之，父母要想与孩子更好地相处，最好全盘接纳孩子的各种情绪。父母即使不能理解孩子的表达时，也要尽量理解孩子的想法，这样才能够帮助孩子保持情绪的平静，也只有在平静和理性的状态下，亲子沟通才能够顺畅地进行，有些时候，父母必须先处理好孩子的情绪，然后再来处理其他的问题，否则在父母和孩子都情绪冲动的情况下，事情非但不能得到解决，反而会变得越来越糟糕。

第 07 章
2 岁孩子进入秩序敏感期——其实孩子是喜欢遵守规则的

俗话说，没有规矩不成方圆，只有在有规矩的情况下，孩子们才能成长得更好。每个孩子都需要规则，每个父母也都要引导孩子遵守规则。现实生活中，很多父母觉得孩子并不能主动地遵守规则，却不知道孩子天性喜欢遵守规则的趋向。看到这里，也许有很多父母会感到惊讶，孩子的天性是喜欢自由，怎么会有遵守规则的趋向呢？不得不说，如果父母认为孩子天性就是追求绝对的自由，是对孩子的误解，也是不了解孩子的表现。只要父母巧妙地利用规则去规范孩子的叛逆行为，孩子就会更加积极主动地遵守规则，也会乐于遵守规则。

孩子喜欢遵守规则

说起规则，我们就会情不自禁地想起成人世界中各种各样的规定、原则和要求，尤其是在现代社会中，成人必须遵守各种规则，没有人能够例外。然而现实却令人感到遗憾，那就是很多成年人并不尊重规则，他们常常会钻规则的空子。如果能够躲避规则，不遵守规则，他们就会这样去做。在无形之中，父母就给孩子树立了糟糕的榜样。例如，小小年纪的孩子知道去超市结账的时候要排队，过马路的时候要等红灯，在景区不能够随便刻字，但是成人却对此不以为意，他们最喜欢插队，最喜欢闯红灯，最喜欢在自己到过的地方留下"某某到此一游"的字样。

很多成人自己不遵守规则，反观孩子的行为表现，会理所当然地认为孩子也不想遵守规则，不愿意遵守规矩。还有一些成人会说，成人都不能遵守规则，孩子又怎么能够遵守规则呢？其实这句话是大错特错的，这么说的人一定不了解孩子，他们更不知道孩子的真实表现。实际上，孩子非但不会像成人那样排斥各种各样的规则，而且本能上就有遵守规则的趋向，甚至从某种意义上来说，孩子是非常喜欢遵守规则的。所以父母要更好地引导和帮助孩子，这样才能够让孩子形成规则意识，养成遵守规则的好习惯。

  孩子为什么愿意遵守规则呢？这是因为孩子从本能上需要秩序。孩子和秩序之间的关系，就像鱼儿和水的关系一样，很多孩子都活在内在的秩序之中。他们不希望去打破这种秩序，让自己的生活陷入混乱之中。也正是因为遵循秩序，所以孩子有更多的时间和精力做自己喜欢的事情，保持内心的平静。一旦打破了这种秩序，孩子就会与无秩序的环境产生对抗。这样一来，孩子从遵守秩序之中得到的快乐就会消失得无影无踪。从心理学的角度来说，遵守秩序也能够让孩子获得安全感。很多父母如果认真观察，就会发现孩子做一些事情会按部就

班,而不会打破常规,这是因为孩子喜欢在熟悉的环境中做熟悉的事情,这能让他感到非常安全,也能让他的内心保持平静。

除了想要遵守内在的秩序之外,孩子还很渴望得到他人的认可。当发现自己遵守秩序能够得到他人的夸赞时,孩子就会更热衷于遵守秩序。所以父母要想培养孩子遵守秩序的好习惯,就要慷慨地赞美孩子。父母看到孩子在遵循秩序方面做出的努力和收获的成果,也要及时表扬孩子,这对于孩子而言将会是一种很大的鼓励。

乐乐两岁半,正在上幼儿园。有一天早上,妈妈和往常一样送乐乐去幼儿园。乐乐在最初去幼儿园的时候哭闹了一个星期,现在已经过了哭闹期,能够做到很配合地和妈妈手牵手去幼儿园。但是这一天早晨,他走到半路上突然哭起来,妈妈看着哭泣不止的乐乐,不知道发生了什么事情,询问乐乐为什么哭泣。乐乐却一句话都不说,只是拉着妈妈往回走。

妈妈还以为乐乐不想去幼儿园呢,因而强求乐乐继续往前走。乐乐叽哩咕噜地说一大堆的话,妈妈听了半天才听明白,原来,乐乐要求走另外一条路。妈妈恍然大悟:今天早晨因为起床起得有点晚,所以妈妈没有在家里为乐乐准备早餐,而是想走到早点铺的时候,为乐乐买一碗南瓜粥,因而今天走的路和乐乐每天去幼儿园走的路是不同的。妈妈当即顺从地跟着乐乐一起往回走,选择了平日里走的那条路。乐乐马上破涕为笑，又高高兴兴起来。妈妈不由得感到惊奇：秩序，对于两岁多的孩子而言居然如此重要！如果不是亲身经历这件事情，妈妈真不敢相信两岁半的孩子会如此执拗地建立秩序，并遵守秩序。

乐乐之所以哭闹，就是因为他的秩序感被打破了。从去幼儿园的第一天起，乐乐和妈妈就走那条熟悉的道路，但是这一天妈妈却选择了另外一条道路。虽然乐乐此前也走过这条道路，但是他潜意识里认为去幼儿园就应该走那条道路，所以他就会哭闹。幸好妈妈认识到乐乐哭闹的原因，也及时地调整了行为，才有效地安抚了乐乐的情绪。

很多孩子都会表现出明显的秩序性。例如，如果孩子已经习惯了进家门的第一件事情就是洗手，那么如果孩子有一天进家门之后，父母不让孩子洗手，孩子就会非常难受。很多父母把孩子这样的行为表现理解为任性，其实这是对孩子的误解，孩子只是在坚持秩序而已。很多时候，孩子都会因为遵守秩序而感到内心踏实，反而父母在遵守秩序方面做得很欠缺。

有些父母在带着孩子出去玩的时候，会被孩子提醒遵守秩序。例如，孩子看到父母插队，会提醒父母要排队；孩子看到父母过马路闯红灯，会坚持要求父母等到绿灯亮了再过马路。面对这样的情况，父母一定要听从孩子的意见，毕竟父母本身打破秩序的行为就是错误的，既然被孩子指出来了，那么就要尊重孩子的意见，也要积极地改正自己的错误行为。如果父母坚持去做错误的事情，那么就会让孩子感到非常懊恼，也会在孩子面前树立糟糕的行为榜样。

那么，如何才能够帮助孩子更好地遵守秩序呢？

首先就是在家庭生活中要建立一定的秩序，要求全体家庭成员都遵守这个规则。这样一来，孩子就能够看到父母的言行举止非常规范，也会更加督促自己来遵守规则。

其次，在社会生活中也有很多秩序，在带着孩子一起外出的时候，父母一定要遵守社会规则，尤其是当着孩子的面，更是要表现得更好。如果父母当着孩子的面故意打破规则，一则会让孩子感到非常难以接受，二则也会让孩子感到混乱，不知道自己应该怎么做。

最后，要尊重孩子的规则意识。很多父母非但自己不遵守规则，当看到孩子遵守规则的时候，还会要求孩子和他们一样不遵守规则。不得不说，这对孩子的负面影响是非常大的，所以每个父母在孩子面前都要非常重视规则，对孩子言传身教，为孩子营造充满规则的生活环境，这对于帮助孩子建立秩序感，让孩子积极主动地遵守规则，是大有裨益的。

每个孩子的成长都需要一个漫长的过程，对于孩子而言，这样的过程显然是不可取代，也不可忽略的。尤其是对于成年人来说，在有了孩子之后，很多方面的言行举止都不能够过于随意，要想教育好孩子，父母首先自己要做到，这样才能够给孩子身先表率，为孩子做出示范，成为孩子的好榜样。

告诉孩子"别人的东西不能拿"

人人都知道不是自己的东西不能随便拿，但是对于两岁多的孩子而言，他们才刚刚形成物权归属意识，有的时候并不能准确地区分某个东西是自己的还是他人的。尤其是在两岁多的时候，他们对于"别人的东西"这个概念还并不能够深刻理解，他们只是才刚刚意识到某些东西是我的，而并不能够意识到某些东西是别人的。所以他们在看到喜欢的东西时，只是以喜欢为标准就去占有，对于这样的抢夺行为，孩子并不会感到愧疚，这是因为他们并没有意识到自己抢了别人的东西。

每当看到孩子做出这样过激的举动，父母往往会非常抓狂。他们觉得孩子不懂礼貌，也不知道如何与他人相处，甚至会觉得孩子的行为是有问题的，因而当即就对孩子进行纠正。当父母反应过激的时候，孩子会感到非常困惑。实际上，父母如果了解孩子的身心发展规律，知道两岁多的孩子才刚刚形成"我"的概念，而还没有形成"别人"的概念，那么就要摆正心态，让情绪恢复平静，告诉孩子别人的东西不能拿。渐渐地，孩子才会知道自己不能做出哪些行为。

宁宁上了幼儿园一段时间之后，每天傍晚从幼儿园放学回家，都会从书包里拿出好几个新鲜的玩具。一开始妈妈并没有特别留意这件事情，后来看到宁宁每天放学回家都会带来玩具，而且书包里的玩具也越来越多，妈妈不由得感到费解。有

我的孩子2岁了

一天早上,妈妈送宁宁去幼儿园的时候,把宁宁的书包展示给老师看,老师忍不住哈哈大笑起来。老师说:"难怪很多小朋友的玩具都找不到了,原来都在宁宁的书包里呢!"妈妈不由得感到很羞愧,说:"这个孩子居然这么做,简直太丢人了,我会好好教训他的!"

听到妈妈的话,老师赶紧对妈妈说:"宁宁妈妈,你千万不要批评宁宁,宁宁才两岁多,这么大的孩子不知道东西是我的还是他的,他们只是喜欢某个东西,就会把这个东西据为己有,这个与成人所说的偷窃可是不一样的。所以,您只要告诉宁宁,有的东西是别人的,是不能拿的,就可以了。慢慢地,他会知道这其中的道理。当然,在学校里,我也会给小朋友们讲这个观点,班级里很多孩子都有这样的现象,这对两岁多的孩子而言是正常的,所以你不要着急。"

两岁多的孩子把一个东西据为己有,唯一的原则就是他很喜欢这个东西,这不是因为孩子很自私、很霸道,喜欢抢夺别人的东西,而是因为他不知道这个东西是别人的。在两岁多的时候,父母应该给孩子建立规则,这是因为两岁多的孩子很喜欢遵守规则。但是如果孩子对于一些规则不太明确的时候,父母切勿盲目地批评孩子,毕竟对于孩子而言,被莫名其妙地批评可不是一种好的感受和体验。

当发现孩子拿别人的东西时,妈妈不要急于批评和指责孩子,而是要告诉孩子,有些东西是不能拿的,是属于别人的。

只有帮助孩子在内心里建立正确的规则,帮助孩子形成内在的秩序感,孩子才能够真正纠正自己错误的行为,也意识到自己应该怎么做。

在和孩子沟通的过程中,父母要注意表达的艺术和技巧。很多父母和孩子说话都喜欢使用否定句,总是严厉地告诫孩子不要这个,不要那个。其实孩子往往不能听到"不要"这两个字,而只能听到后面的这个、那个。因而父母这样否定的说法,反而会对孩子起到反面的强化作用。为了让孩子更好地理解父母的感受,遵守父母的规则,那么父母可以采取换位思考的方式与孩子沟通。例如,引导孩子想一想他们是否愿意喜欢的玩具被别人拿走,这样一来,孩子就会知道别人的东西不能拿。

当然,在幼儿园里,每个孩子的身心发育都是不同的。有些孩子身心发育相对迟缓和滞后,并不知道别人东西不能拿这个道理,而有些孩子神经发育相对超前,他们已经很清楚不能够拿别人的东西。当这样两种孩子在一起玩的时候,他们之间很容易发生矛盾,后者看到前者做错了,总是霸占别人的东西,就会提醒前者这种行为是错误的,甚至会出手制止前者;而前者却觉得自己的行为是光明正大的,很理直气壮地继续去霸占别人东西,由此发生矛盾和争执。

两岁的孩子对待规则和秩序有一种天生的执拗,他不仅自己遵守规则,坚持秩序,而且会要求身边的所有人都能够遵守他所认定的规则和秩序,这是因为他在通过外在事物构建自己生命的内在秩序,具体的方式就是通过规范外在事物的规则和秩序,来让自己内在的秩序变得更加牢固。

父母是与孩子朝夕相处的人,所以要理解孩子对于规则的和秩序的执拗,也要理解孩子对于规则和秩序的追求。在家庭生活中,父母要尽量为孩子提供有序的环境,让孩子的规则感和秩序感得到更好的发展。当孩子走出家庭与外部世界和其他人相处的时候,父母也要为孩子营造良好的环境,帮助孩子更好地建立秩序,遵守规则,这样孩子才能身心健康,快速成长。

排队玩玩具——帮助孩子建立秩序感

到了周末,小区的广场上有很多孩子聚集在一起玩。有一个妈妈给孩子带了很新鲜有趣的玩具,孩子们看到这个玩具都很兴奋,都恨不得马上把玩具拿在手里玩一玩。但是这个玩具只有一个,孩子却有五六个,这可怎么办呢?孩子们都争先恐后地想玩新玩具,彼此争抢不休,很快就发生了矛盾,吵闹起来。

作为玩具的主人,那个小朋友并不想把玩具给其他小朋友玩。在妈妈的劝说下,他才愿意与其他小朋友分享玩具。现在看到其他小朋友正在争夺玩具,快把他的玩具弄坏了,他非常担心,这个时候,一个孩子的妈妈趁机说道:"小朋友们要排队玩玩具。"这话一出，几个小朋友马上就主动排队，有的小朋友站在前面，有的小朋友站在后面，有两个小朋友，因为分不清先后的顺序还推搡起来。这个时候，就有一个小朋友提议："我们应该按照高矮来排队，矮的站在前面，高的站在后面。"这个方案很合理，很快就得到了小朋友们的认可。就这样，小朋友们按照高矮排队。很快，小朋友们就整好了队形，他们不再吵闹了，按照顺序开始玩玩具。每个小朋友都可以玩一次玩具，玩过之后他们就自觉地又排到队伍的后面。整个下午，小朋友们都秩序井然地玩玩具，彼此之间非常和谐，妈妈们在一旁终于可以轻松地聊会儿天了。

每个孩子都喜欢玩具，尤其是在看到新鲜的玩具时，孩子们都迫不及待地想要拿到玩具，痛痛快快地玩。但是当玩具只有一个，孩子却有很多个的时候，谁先玩，谁后玩就是一个很难解决的问题。在这种情况下，父母如果能够帮助孩子设定规矩，让孩子按照一定的规则来解决问题，问题就会迎刃而解。对于孩子们来说，排队玩玩具是一个非常有效的方式，而且按照身高来排队也是一个很高明的解决方案。

要注意的是，每当孩子主动自觉地排队时，有些妈妈因为担心自家的孩子吃亏，就会把自家的孩子推到队伍的前面。当妈妈这么做的时候，虽然孩子可能会更早地排到前面，但是却被破坏了内心的秩序感，很不利于孩子主动遵守规则。

除了按照身材的高矮来排队之外，还可以按照先来后到的

顺序进行排队。例如，在一些公共的游乐场所，比如说在滑梯的地方，孩子们都想玩滑梯，但是有的孩子先来，有的孩子后到。那么，后来的孩子就要排到先来的孩子身后，乖乖地站着排队，按照顺序去玩滑梯，这样才能够玩得开心。其实，不仅孩子之间需要这样的秩序，在成人社会之间同样也需要秩序。例如，爸爸妈妈排队买烤鸭，如果爸爸妈妈去得晚，肯定要在先去的人后面排队。再如，上公交车的时候，有的人排在前面，有的人排在后面，如果后面的人拥挤着一哄而上，就会让队伍在门口乱成一团糟，谁也上不去。只有在有序的情况下，很多事情才能够提高效率，事物的发展也才会更好。

作为成年人，一定要给孩子树立积极的榜样，当着孩子的面要积极主动地排队，在排队的时候切勿出现插队的情况。父母是孩子的老师，很多时候，父母的言行举止无形之中就在影响着孩子。如果父母的错误行为导致孩子也出现了错误，父母再想纠正这样的行为就会非常困难。具体来说，父母要帮助孩子建立秩序感，就要做到以下几点。

第一点，要告诉孩子为何必须先来后到排队。很多孩子都不知道排队有什么意义，父母要让孩子知道没有秩序地胡乱拥挤和秩序井然地排队之间有很大的区别，让孩子思考这样不同的行为会产生怎样的后果。这样孩子才能认识到排队的重要性，就会更加主动地排队。

第二点，要告诉孩子秩序感是不可忽略的。其实对孩子来说，秩序不仅仅体现在排队这一件事情上，也会体现在很多事情上，帮孩子形成秩序感，他们的生活就会更加有序。

当然，在让孩子了解排队的秩序感之后，有些孩子就会非常较真。例如，在排队的过程中，有一个年迈的老人也排在队伍之中，如果父母亲让这个老人到前面去，孩子就会感到非常困惑，不知道父母为何要谦让。在这种情况下，父母还要向孩子解释礼让的道理，让孩子知道虽然在正常情况下需要排队，但是如果遇到有需要的人，也是要适度礼让的，这并不相互冲突和矛盾。当然，对于两岁多的孩子而言，想要理解这两者之间的联系和区别是很困难的。不过也没关系，只要父母能够言传身教，孩子渐渐地就会理解这其中的含义。

第三点，让孩子坚持做好自己该做的事情。在社会生活中，并不是每个人都会主动地遵守社会秩序，一定会有人不遵守社会秩序。父母应该教育孩子坚持做好自己的事情，当发现有人不排队的时候，孩子也许会感到迷惘和困惑，甚至还会非常愤怒地与他人之间发生争吵。那么父母要告诉孩子，他们应该做正确的事，就是排队。对于孩子对他人的劝阻，父母不应该告诫孩子不要多管闲事，毕竟两岁多的孩子正处于建立秩序的关键时期，父母如果这样对孩子说，孩子就会感到很迷茫和困惑。父母可以告诉孩子，要先自己遵守规则，而不要强求别人，只要努力做好自己该做的事情就好。理解了这个道理，孩子就能够以更加平和的心态去接受他人不遵守规则的现象。

总而言之，排队是孩子秩序感的表现之一，并非只是一件单纯的事情。所以在引导孩子排队玩玩具的过程中，父母要有意识地培养孩子的秩序感，要让孩子形成遵守规则和秩序的良好习惯，这对于孩子的成长才是有益的。

规则面前，人人平等

进入两岁之后，原本乖巧可爱的孩子突然之间变得就像一个小小的恶魔一样。他的为人处世并没有一定的规则，他会从特别惹人喜爱变得特别招人讨厌，有的时候他也很热衷于恶作剧，喜欢朝着别人吐口水、说脏话，甚至还会攻击他人。看到孩子身上似乎在一夜之间就出现了这些变化，父母们往往会感到非常震惊。尤其是当孩子在他人的面前做出这些不好的举动时，父母更是会感到很尴尬，很难堪。孩子为何突然变得这么调皮，而且惹人讨厌呢？面对孩子这样的变化，很多父母都会选择呵斥或者禁止孩子去做，毕竟没有父母愿意看到孩子的表现超出行为边界。

在尝试以这种方式禁止孩子却屡禁不止之后，父母会发现一个问题，那就是孩子非但没有好的表现，甚至还会变本加厉。面对着这样"人来疯"的孩子，父母打不得骂不得，又没有有效的方法让孩子马上改变言行，父母就会更无计可施。

周日，小姨带着表弟哲哲来家里玩耍，豆豆高兴极了。一开始，他和哲哲还能友好相处，但是玩着玩着，因为抢夺一件玩具，豆豆和哲哲大打出手。他们两个人都号啕大哭，谁也不愿意让着谁。小姨和妈妈都非常尴尬，妈妈对哲哲说："你是哥哥，要让着豆豆弟弟。"哲哲大喊道："我不是哥哥，他也不是我弟弟！"小姨也劝说哲哲："你是客人，要让着主人，你要玩玩具，要通过小主人的同意，好不好？"哲哲也很烦躁，冲妈妈喊道："我要回家！我要回家！"

就这样，妈妈和小姨即便用了很大的努力来平息哲哲和豆豆之间的矛盾，也没有起到良好的效果。到了吃饭的时候，哲哲非要看着电视吃饭，豆豆呢，要和哲哲一起边看电视边吃饭。看到这两个孩子又要做出糟糕的举动，妈妈和小姨决定为他们制订规则，让他们都必须遵守规则。

妈妈为哲哲和豆豆规定：每个人都要坐在餐桌前吃饭，而且吃饭的时候不允许看电视，电视机必须关掉。看到妈妈严肃地说出这个规定，豆豆和哲哲都无话可说，只能照办。小姨和妈妈会心一笑，终于让两个小魔王安安静静地把饭吃到肚子里去了。

两岁多的孩子已经可以自由地支配自己，随意地去自己想去的地方，也渐渐地会用"我"来称呼自己，而且在面对很多事情的时候，他们并不像小时候那样愿意听从爸爸妈妈的安排，而是会表明自己的一些主见和态度。这意味着孩子的自我意识开始萌芽，他们把自己与外部世界区分开来，把自己与父母区分开来，他们渴望着能够独立自主，想要摆脱对父母的依赖。与此同时，他们能力有限，所以很多事情还是需要靠父母的帮助才能完成。在这种情况下，孩子与父母之间的关系会非常微妙，他们不再像以前那样完全依赖父母，但是又想要和父母形成一种新的关系，达到一种新的平衡。

在为两岁多的孩子制订规则时，父母一定要坚持平等的原则，切勿让这个规则只对孩子起作用，而是要让孩子知道，家里的每个成员都要遵守规则，而且家里的所有人在规则面前都是平等的。唯有做到公平公正，孩子才会愿意接受规则，遵守规则。

对于两岁多孩子做出的一些举动，父母要给予足够的宽容和理解。例如，有些孩子会因为好奇而故意触摸别人身上的某一个东西。在这种情况下，父母要告诉孩子不能这么做。其实，大多数孩子在知道父母的态度之后，行为会有所收敛。对于孩子喜欢吐口水的这种情况，父母一定要坚决制止孩子。孩子之所以吐口水，是因为他们的人身自由被限制，例如，他们正在打人，父母抱着他们，不允许他们打人，那么他们只有嘴巴还可以灵活运用，所以就采取吐口水的形式来表示他们反抗。还有一些孩子会咬人，用这种极端的方式来发泄自身的负面情绪。

当孩子出现这些粗鲁的行为时，父母直截了当地对孩子说"不"并不能起到预期的效果，这是因为孩子对于"不"的理解还很肤浅。当他的行为自由受到限制的时候，他的负面情绪就会更加冲动或激烈，在这种情况下，孩子自然会采取其他的方式来发泄内心的愤怒。

当然，不管孩子做出怎样的行为，与父母的家庭教育都是密切相关的。有些孩子的行为，是在天性的驱动下做出来的，而有些孩子的行为，则是因为习惯，渐渐地成为了自然的表现。在这样的情况之下，父母要想和孩子更好地相处，并不容易做到。父母一定要了解孩子行为背后的心理原因，才能够帮助孩子更好地完成一些事情。

为了避免孩子在当着他人的面时让自己尴尬而又难堪，父母应该防患于未然，在家里就给孩子制订各种规矩。唯有这样，孩子才能遵守规矩，才能够更好地约束自己。切勿等到孩子当着他人的面犯了错误之后，再当众教育孩子。虽然孩子还很小，但是他们自尊心很强，如果父母当众批评和教育他们，他们就会更加叛逆。

在制订家庭规则的时候，要明确几个原则。第一，家庭规则人人适用，每个家庭成员都要遵守家庭规则。第二，家庭规则既适用于家庭内部，也适用于家庭外部，也就是说，即使孩子走出家庭，在社会上，也要遵守规则。第三，制订规则要根据孩子的实际情况出发，依据孩子自身的心理需求来制订规则，规范孩子的表现，这样才能够有效地控制孩子的行为，帮助孩子形成良好的行为习惯。

少说"不"，避免激发孩子反抗心理

在和孩子沟通的时候，很多父母都形成了错误的表达方式，总是以否定的方式对孩子说话，例如，告诫孩子不要做这个，不要做那个。父母总是试图以"不要"来对孩子进行约束，让孩子能够乖乖地待在父母身边，避免发生各种危险。父母也会以"不要"限制孩子的各种行为，从而保障孩子的安全，让孩子始终处于有利的地位。当然，父母还会以"不要"否定孩子的一些观点和想法，让孩子感到挫败和无力。

显而易见，父母哪怕说再多的"不要"，也不能够真正地让孩子顺从。这是因为两岁多的孩子叛逆心很强，他们正处于宝宝叛逆期，父母越是不让他们做什么，他们就越是想要做什么。有些宝宝还会无意识地和父母对着干，虽然当面看起来遵守了妈妈的规则，但实际上他们会在背后我行我素。探讨孩子这样的表现，父母们往往感到非常不理解，他们不知道孩子为何到了两三岁，反而越来越难以管教。实际上，这与孩子的身心发展特点是密切相关的。两三岁孩子的自主性越来越强，他们把自己与外部世界区分开来，能够独立自由地行动。所以，他们拥有了自己的意志，也想要自主做出各种各样的决定。在这样的情况下，父母越是频繁地对孩子说"不"，越是会加重孩子的逆反心理，这是因为人类的潜意识就不希望被他人否定，包括成年人在内，没有人喜欢被人说不，孩子对于"不"就会更加排斥和抗拒。

从语言表达的含义来说，当父母对孩子说"不要"的时候，实际上只把话说了一半，例如，孩子正在疯狂地玩乐，父母告诉孩子不要蹦蹦跳跳，那么接下来孩子又应该怎么做呢？父母并没有告诉孩子正确的做法是什么，完整的表达应该是"不要蹦蹦跳跳，坐在那里休息一会儿"，这么说，孩子才知道他们现在应该停止蹦蹦跳跳，坐在那里休息片刻。父母要理解孩子需要明确的指令，这也合理解释了为何很多父母在对孩子说出不要之后，孩子依然我行我素，甚至变本加厉的原因。

要想更好地与孩子沟通，避免激发孩子的反抗心理，父母在进行语言表达的时候就要注意以下几点。

首先，正面告诉孩子应该做什么。相比起各种各样的"不要"会引起孩子的逆反心理，不如从正面告诉孩子应该做什么事情，这样孩子更知道自己应该如何表现。例如，父母带着孩子去商场里购物,孩子总是在各个通道之间来回奔跑,在川流不息的人群里窜来窜去,这个时候父母只告诉孩子不要乱跑是没有用的,也许能管束孩子很短的时间。正确的做法是告诉孩子"来吧,牵着妈妈的手,我们一起去看看有没有你想要的玩具"。相信吗,当妈妈这么说的时候,孩子的注意力就会被玩具所吸引,他们自然不再继续奔跑,而会很积极主动地配合妈妈,和妈妈一起走进玩具的卖场。

其次,要知道孩子做那些事情的理由。每一个孩子做事情都肯定是有理由的,也许会犯错误,也许需要为错误付出代价,但是这并不是不让孩子做某件事情的理由。如果父母要禁止孩子做某件事情,那么就要告诉孩子需要如何做才能表现得更好。

最后,要用肯定句来对孩子表达。例如,和不要爬高、不要骂人、不要摔东西这样的话相比,父母可以换一种方式,用肯定的话来表达自己的建议。例如,告诉孩子来屋子中间玩吧,这里的地面很平坦,非常安全,要说文明礼貌用语,这样才能够结交到朋友;要爱惜你的东西,如果把东西摔坏了,你就再也没有东西可以用了。当父母坚持这么说,孩子就会知道自己应该怎么做。这样肯定的句式还可以避免引起孩子的反感,避免激发孩子的逆反心理。当父母这样说的时候,孩子就知道要怎么做,他们也会更积极地改正自己错误的行为。

第08章

2岁孩子的反常行为——父母要用爱和包容来对待

对于成人来说，吃喝拉撒都是生活中再正常不过的事情。但是对于2岁的孩子来说，他们似乎天生就有一种能力，可以把这些再正常不过的事情变得极其不正常。他们总是非常自然地做出一些违反常规的行为，让父母抓狂，而实际上，这对于2岁多的孩子来说是很正常的表现。所以父母不要总是因为孩子做出异常的举动，就对孩子训斥或者是批评，而是要了解孩子做出这些行为的内在原因，这样才能从容应对孩子的成长。

2岁孩子自我意识萌芽，用"不"宣告主权

每天，只要家里开始吃饭，就仿佛拉开了一场战争的序幕。琪琪总是专心致志地玩耍，而妈妈却总是在一旁不停地催促琪琪吃饭，有的时候看到饭菜已经快要凉了，琪琪还是没有丝毫的欲望想要吃饭，妈妈只好端着饭菜追着琪琪喂。琪琪一边玩玩具，一边随意地张开大嘴，妈妈就趁机往琪琪的嘴里塞上一口饭菜。有的时候，妈妈喂一顿饭需要半个小时，非常疲惫，等到妈妈去吃饭的时候，饭菜早就已经凉透了。

妈妈常常想：索性不再喂琪琪，等她饿得着急了，让她自己吃饭。但是这样的办法根本行不通，因为琪琪一玩起来就会忘了这些事情，她又会继续玩耍，把小脸饿得面黄肌瘦的。当然，妈妈也尝试过其他办法，那就是在吃饭的时候不允许琪琪玩玩具，要求琪琪和大人一样坐在餐桌旁吃饭。然而，琪琪看到什么东西都想玩，例如，她会把碗筷拿在手里，甚至还会把碗盘都打翻。

因为吃饭的时候没有吃饱，所以琪琪吃完晚饭之后就总是爱吃零食。不管家里谁在吃什么东西，她看到了，就会跑过去一起吃。这样一天下来，琪琪虽然没有正经吃饭，但是也并没有饿肚子。这让琪琪的成长出现了滞后的情况，她明显比同龄人矮一些，也更瘦一些。但是每当看到香喷喷的饭菜就摆在面

前时,琪琪总是喊着:"不吃,不吃!我不吃!"看到琪琪这个样子,妈妈可真是无奈啊!

每一个成年人都知道人是铁、饭是钢的道理,但是孩子并不知道,而且孩子的心思全在玩耍上面,他们也不想知道吃饭到底有多么重要。对于两岁的孩子而言,他们对这个世界充满了好奇,每时每刻都想探索世界,都想投入地玩耍。在玩得高兴时,哪怕是吃饭这样的头等大事,孩子也会毫不犹豫地拒绝。尤其是在父母强求孩子吃饭或者追着孩子吃饭的时候,孩子一定会把头摇得像拨浪鼓一样,口中念念有词:"不吃,不吃,我不吃!"实际上,孩子并非不饿,有可能他们被手中正在做的事情吸引住了,有可能,孩子在用这种方式来宣告主权。从儿童心理学的角度来分析,这是孩子自我意识萌芽的表现,他是在用"不"来建立自己的心理疆界。

孩子不吃饭的原因有很多。也许孩子真的不饿。也许孩子只是在赌气,不想吃饭。也许,孩子正投入地玩游戏,不希望被打扰。不管孩子出于什么原因不愿意按时吃饭,父母都会认为孩子非常任性,不听话,也不愿意接受父母的管教,又因为担心孩子正在长身体的时候缺乏营养会引起身体发育不良,所以父母对孩子吃饭看得非常重要,也常常因为吃饭问题和孩子之间发生矛盾和争执。

每当看到孩子不吃饭,很多妈妈都会特别担心,她们担心孩子是否患上了厌食症,怎么接连好几天都不愿意认真吃饭呢？其实，要想让孩子养成按时定量吃饭的好习惯，父母就要给孩子做好榜样。有些父母为了减肥，也不愿意认真吃饭，他们的行为就会影响到孩子。也有的父母会当着孩子面抱怨饭菜不好吃，这也会给孩子带来负面影响。

大多数家庭里，最常见的情况是父母会骄纵孩子偏食，有些孩子不愿意吃某种食物，父母就再也不做这种食物，而只会做孩子喜欢的食物给孩子吃。父母没有考虑到为孩子提供均衡的营养，使孩子越来越偏食。作为家中的掌勺人，不管是爸爸妈妈还是爷爷奶奶，都应该为全家准备健康营养的食谱，也要为孩子提供合理的饮食。

吃饭的时候，最好全家人一起围坐在餐桌旁边吃饭，这可以给孩子营造良好的聚餐氛围，当着孩子的面说起食物的味道时，要表现出食物非常美味的样子，这样可以给予孩子积极的影响和暗示。尤其需要注意的是，很多孩子都喜欢边吃饭边看电视，这对于孩子的消化功能是非常不好的。在孩子吃饭之前，应该关掉家里的电视，还应该把玩具放到该放的地方去，这样就可以减少对孩子的诱惑，让孩子能够专心致志地吃饭。

求抱抱的孩子需要被爱

刚刚学会走路的时候，齐乐还很乐意走路呢。他每天都

第08章
2岁孩子的反常行为——父母要用爱和包容来对待

会蹒跚着前行，即使跌倒了也不哭，而是马上爬起来继续往前走。但是到了两岁多之后，妈妈发现齐乐变得越来越懒惰，每次出门都会张开双臂拦在妈妈面前，要求妈妈抱他。对于齐乐的这个举动，妈妈一开始认为齐乐是在撒娇，所以总是满足他的要求。后来如果妈妈拒绝抱起齐乐，齐乐就会哭闹不休。妈妈开始意识到，齐乐并非只是在撒娇，而是察言观色，认识到妈妈是会抱起他的，所以才每次都让妈妈抱。尤其让妈妈惊讶的是，齐乐虽然每次出门都让妈妈抱，但是如果他和爸爸一起出门，却并不会让爸爸抱，这是为什么呢？

原来爸爸是个烟民，每次出门的时候都会一只手领着齐

我的孩子2岁了

乐,另一只手里拿着一根烟。这样一来,爸爸就没有办法抱起齐乐。齐乐大概也认识到自己哪怕张开胳膊,求爸爸抱抱,爸爸也无法满足他的愿望,所以他就不再对爸爸提出这样的要求。

想到这里,妈妈不由得觉得好笑:这么小的孩子就会察言观色,而且会看准谁能够满足他的需求,谁不会满足他需求,简直是个人精啊!然而,随着齐乐不断长大,变得越来越重,妈妈抱着齐乐非常辛苦,这可怎么办呢?如何才能够让齐乐自己走路,不再求抱抱呢?

很多父母都感到纳闷,因为孩子在一岁前后刚刚学会走路,往往非常热衷于走路,甚至爸爸妈妈要求抱着他们,他们都不愿意被爸妈抱着。但是在到了两岁多之后,孩子虽然身体变得更加强壮,体力也不断增强,反而不愿独立走路,而总是跑到大人面前伸开胳膊拦着大人,向大人求抱抱。有些孩子没有得到满足,就会抱着大人的大腿痛哭不止,还有的会追着大人要求大人抱抱。对于这样的情况,相信没有几个父母忍心拒绝孩子。但是孩子毕竟有一定的分量,如果一直让爸爸妈妈抱着,爸爸妈妈也会感到非常疲惫。当被孩子缠得没有办法的时候,爸爸妈妈也会忍不住训斥孩子。有些父母因为脾气暴躁,还会打骂孩子。其实,孩子这么做到底有什么错呢?如果父母能够冷静下来认真理性地想一想,就会发现孩子只是想让爸爸妈妈抱着他们。他们可以和爸爸妈妈更加亲近一些,而且他们在爸爸妈妈的怀抱里会感到自己是被爸爸妈妈爱着,也会感到非常安全。对父母来说，孩子成长的过程是非常快的，而且成长过程不可逆。如果父母不能够抓住现在的时机珍惜与孩子相处的这种美妙感觉，那么将来有一天孩子真正长大了，即使父母想和孩子亲近，孩子也不愿意和父母亲近，父母就会非常怀念现在和孩子在一起相处的亲密时光。

为了培养孩子独立的能力，父母不要总是抱着孩子，但是在拒绝孩子的时候要讲究方式方法，毕竟孩子求抱抱是需要被父母爱的表现，也是想从父母那里获得安全感。有的时候，孩子看起来粗心大意，实际上心思却很细腻，父母如果不讲究方式方法，粗暴地拒绝孩子，那么就会给孩子以沉重的精神打击，也会让孩子怀疑父母是否爱他们，是否不想要他们了。具体来说，父母可以采取以下的几种方法转移孩子的注意力，让孩子放弃求抱抱的想法。

如果前面的路途还很遥远，孩子又不愿意自己走，父母又抱不动孩子，那么，父母可以以比赛的方式来激发孩子往前走的兴趣。例如，以前面看得见的某一个东西作为标志物，约定那个地方作为短暂比赛的终点，然后和孩子开展一场你追我赶的比赛。要知道，有的时候孩子因为走路时间比较长，可能真的会非常累，但是在以比赛的方式往前走的时候，他们就会激发起内心深处的求胜欲望，所以就会暂时忘记疲惫，而且还会在和妈妈的竞赛之中，获得小小的成就感。这样的比赛可以有效提升孩子走路的兴趣，也可以让孩子更乐于参与比赛。在孩子顺利地到达参照物之后,父母可以抱着孩子往前走一段路,然后再把孩子放下来,继续这样约定参照物的方式来进行走路比赛,也许不知不觉间就会到达目的地。

还可以帮助孩子转移注意力。很多孩子天生就很喜欢玩,也喜欢一些玩具,那么当孩子感到疲惫的时候,不愿意继续往前走,父母就可以用玩具或者是某种好玩的东西来吸引孩子的注意力,这样孩子就会忘记疲惫,把注意力集中在这个玩具上面,他们也就不会再缠着父母抱着他们。

如果带着孩子去商场或者是游乐园,还可以根据地上的地标开展一场寻宝游戏。对于孩子而言,一直在走路自然是一件非常枯燥乏味的事情,如果能够把走路和寻宝结合起来,让孩子根据地上的箭头或者是地标来找到某个特定的东西,这显然是一项很刺激的游戏。对于两岁多的孩子来说,当他们对某些事情感兴趣的时候,他们就会爆发出更强的能力,而不会一直把注意力集中在那些枯燥乏味的事情上。所以当和孩子在外面玩耍的时候,父母要更加用心地观察周围的环境中有哪些好玩的东西,可以作为孩子的参照物,这样应该就可以帮助孩子转移对父母怀抱的依恋。

当然,有些孩子是非常固执的,他们一旦打定了主意,就不会轻易改变想法,那么父母要想采取上述的这种转移注意力的方法,或者是以参与走路比赛的方法来让孩子自主走路,是需要有足够耐心的。两岁多的孩子,他们的身体力量还很弱小，当孩子感到特别疲惫的时候，父母就算抱起孩子也是应该的，还能借机培养亲子感情，拉近亲子关系，可谓一举数得！

改变"折腾大王"

每个有孩子的家庭都很难保持家里的干净清爽，这是因为孩子就像是一个不折不扣的折腾大王，在很短的时间内就能把家里弄得乱七八糟，混乱不堪。有的时候爸爸妈妈辛苦收拾了很长时间的家，只能在短暂的时间里保持干净整洁，只要孩子回到家里，转瞬之间，就会把一切都搞得天翻地覆。面对这样的情况，爸爸妈妈总是会感到很无奈，不知道孩子什么时候才会长大，才能维持家里的干净卫生。

很多两岁的孩子并不满足于玩玩具，因为对他们来说，玩具带来的新鲜感只能保持很短暂的时间。他们对外部的世界充满了好奇，很多时候他们在玩玩具之后，就会把随手能够得到的一些东西以及那些最好玩的玩具，随意地丢在一边，甚至进行破坏。有一些小男孩特别调皮，他们会破坏一些小东西。那么，孩子为什么这么做呢？实际上孩子并不是在故意捣乱，他们只是不知道自己喜欢玩什么，也不知道自己想干什么，所以对于那些能够吸引他们注意力的东西，他们都会随心所欲地去玩。

除了对于自己喜欢的东西并不确定之外，如果父母为孩

我的孩子2岁了

子准备了太多的玩具，孩子也会形成玩东西不能保持专注的坏习惯。此外，两岁多的孩子会很喜欢做抛、扔等具有挑战性的动作，这是因为他们的手脑协调能力正处于快速发展过程中，他们很喜欢这种能够支配肢体的感觉，所以他们不管手里拿着什么，都喜欢把它们扔出去。在这么做的过程中，他们可不会想到扔出去会有什么后果，而是充满了好奇又非常兴奋，这说明孩子们并不是无意地把东西抛出手中的，而是故意去这么做的。他们想看一看东西能够飞出去多远，想听一听不同的东西掉落在地上的声音。

两岁的孩子有强烈的探索欲望，妈妈总是感到非常苦恼，无法忍受家里始终处于脏乱差的环境之中，所以每当孩子把家里弄得乱七八糟之后，妈妈就会开始跟在孩子后面收拾家里，渐渐地，孩子就会习惯了搞破坏，也习惯了妈妈为他们收拾残局。就这样，不知不觉之中，孩子就会变成折腾大王。要想让孩子改掉这种随意折腾的坏习惯，妈妈切勿一味地纵容孩子，或者是采取打骂的方式禁止孩子。这些做法都不能起到明显的效果，父母应该更加具有智慧，这样才能够帮助孩子养成好习惯。

晨晨最喜欢做的事情就是在家里的沙发上跳来跳去，才刚刚搬了家，晨晨就看中了家里客厅中最大的那个焦黄色沙发。沙发的颜色很鲜艳，而且沙发很宽大，晨晨显然把这张沙发当成了跳跳床，常常站在沙发宽大的靠边上往下跳。有一天，妈

第 08 章
2岁孩子的反常行为——父母要用爱和包容来对待

妈正在往卫生间走去,就听见客厅传来晨晨撕心裂肺的哭声。

妈妈知道大事不妙,赶紧奔向客厅,发现晨晨一侧肩膀着地正躺在地上。妈妈不知道发生了什么事情,在询问晨晨之后,晨晨指着胳膊说疼。妈妈猜测晨晨一定是在沙发上蹦蹦跳跳的时候掉到地上了,她原本以为晨晨的胳膊脱臼了,带着晨晨去医院看了外科之后,医生建议拍个片子看看,这才发现晨晨的锁骨骨折了。原来,晨晨从沙发上往下跳的时候,被沙发弹到了地上,右侧的肩膀着地,所以导致右侧锁骨骨折。妈妈没有想到后果居然这么严重,非常慌乱,当即就心疼地大哭起来。

孩子们在家里搞破坏,不仅仅是把家弄得乱七八糟,很多时候孩子因为不能预知事情的后果,所以还会做出一些出格的举动,导致伤害自己。为了避免孩子总是在家里随便折腾,妈妈要做到以下几点。

首先,要为孩子准备适量的玩具。很多父母因为疼爱孩子,为孩子准备了很多玩具。其中,有些玩具的质量并不高,对孩子来说存在一定安全隐患。父母与其给孩子买那么多质量不好的玩具,还不如根据孩子的喜好,为孩子选购一些高质量也更安全的玩具。有些玩具都属于同类别的,那么就没有必要买很多,以免孩子产生审美疲劳。在三岁之前,孩子往往不能够做出非常理性的选择,那么父母可以给孩子一些选择,不给孩子提供太多种类的玩具,这样孩子才能够对玩具更加专注,也更加专情。

其次，帮助孩子养成玩玩具的好习惯，提醒孩子每次只能拿出一到两个玩具玩，玩过之后，要把玩具放回原来的地方，才能再拿其他的玩具。很多孩子喜欢把自己沉浸在玩具的海洋里，让自己周围充满了玩具。实际上，孩子的时间和精力都是有限的，他们不可能在同一时间玩这么多玩具，反而会因为无暇顾及太多的玩具，而导致三心二意，不能够投入地玩耍。要想改善这种情况，父母要给孩子规定，每次只能拿一到两个玩具，这样孩子玩过玩具之后就会放回原处去，再玩其他玩具，不但有助于培养孩子的专注力，而且能够帮助孩子养成良好的卫生习惯。

再次，培养孩子养成良好的收拾习惯。很多父母都认为孩子还小，不会收拾东西。实际上，孩子虽然小，也可以简单地收拾玩具。例如，父母可以为孩子准备一些大的整理箱，让孩子分门别类地把玩具放入其中。有的整理箱专门放毛绒玩具，有的整理箱专门放机械类玩具，有的整理箱专门放积木。这样一来，家里就会井然有序，孩子渐渐地习惯了在干净整洁的环境中玩耍，也会变得越来越讲卫生。

最后，为孩子开辟出特定区域，让孩子在特定区域玩耍。很多孩子在家里并没有特定的玩耍区域，这使得他们在玩耍的过程中会到家里的各个地方去玩。如果孩子正在玩容易沾染颜色的东西，如颜料，那么他们很有可能会把家里抹得乱七八糟。给孩子划定一个特定的区域，让孩子在里面玩玩具，这样孩子在玩玩具的过程中，就不会拿着玩具到处跑。即使会把周围的环境弄脏，也仅限于那个环境，妈妈打扫起来会更加方便。为孩子限定特定的游戏区域，还可以为孩子准备一些安全保护措施，例如，在该区域的周围贴上一些软包，这样孩子在玩耍的时候就不容易磕磕碰碰，也是对孩子更好的保护。

孩子总是喜欢折腾，在一天的时间里，除了睡觉的时候，他们都是精力充沛的，喜欢做各种各样的举动，所以父母不要总是想着试图捆绑和束缚孩子，而是要尊重孩子的天性，让孩子能够自由活动。唯有给孩子更为广阔的天地，孩子才能够健康快乐地成长。当然，给孩子自由并不是放纵孩子，让孩子肆无忌惮，而是要给予孩子一定的空间，同时也为孩子制订相应的规矩。虽然孩子才两岁多，但是他们已经有能力遵守一些简单的规定，所以父母要及早对孩子进行规则的培养，让孩子形成遵守规则的意识。

孩子为何突然变"小气"

到了初夏的时间，小区里的广场上玩耍的孩子越来越多，妈妈也经常带着杰杰去小区广场上玩耍。然而，曾经和小朋友们玩得非常开心的杰杰，现在在去广场上玩耍的时候，经常会和小朋友之间爆发矛盾，这是为什么呢？

我的孩子2岁了

这不，妈妈和杰杰刚刚来到广场两分钟，杰杰就和小朋友发生了争执。原来杰杰拿了一个色彩很鲜艳的皮球在广场上玩，有一个小朋友想和杰杰一起玩，就来抢夺杰杰的皮球，杰杰死活抱着皮球不愿意撒手，嘴里大喊着："我的！这是我的！"

看到杰杰小气的样子，妈妈忍不住笑起来，说："杰杰，小朋友们的玩具可以一起玩！有的时候，你也会玩其他小朋友的玩具，对不对？所以，你也要和其他小朋友分享。"听到妈妈的话，杰杰不以为然，居然抱着皮球跑开了，还一边跑一边哭喊着："这是我的，不给玩！不给玩！"

妈妈对于杰杰的表现很不好意思，对那位小朋友的奶奶说："真不知道这孩子是怎么回事儿，越长大越小气。小时候从来不知道护着自己的东西，现在长大了，看到什么东西都觉得是好的，都不愿意和他人分享，不知道为什么会变成了小气鬼！"

奶奶笑着说："孩子长大了，自然知道护东西了。如果不知道护东西，那就说明孩子还没长大。每个孩子都有这一个阶段，过去就好了。"

听到奶奶的话，妈妈心中怦然一动：为何孩子长大了就会护着自己的东西呢？回到家里，妈妈在电脑上查阅了相关的资料，这才知道孩子在两岁之后形成了物权归属意识，能够区分清楚一件东西是属于你的还是我的，所以他们会更加爱惜自己的东西，也表现出不愿意分享的特点。

在两岁之前，孩子并没有把自己与外部的世界分开，他们

第 08 章
2 岁孩子的反常行为——父母要用爱和包容来对待

觉得自己与外部世界是浑然一体的。直到两岁，孩子才意识到自己与外部的世界是截然不同的，所以他们渐渐地形成了物权归属意识。在这个阶段，孩子们的物权体验是非常重要的。他们意识到有些东西是他们自己的，不愿与他人分享。在这个阶段，父母也不要强求孩子必须与他人分享，更不要给孩子贴上自私小气的负面标签，否则孩子就会产生混乱感，不能确定自己是否应该坚持某个东西是自己的。

对于孩子来说，如果没有物权归属意识，将来在与小朋友相处的时候，就会更麻烦。两岁的孩子想得到一个东西的理由非常简单，那就是他喜欢这个东西，想要拥有这个东西，所以在进入幼儿园生活之后,他们会不由分说地抢夺其他小朋友的东西。父母要抓住这个阶段对孩子进行引导,帮助孩子形成物权意识,这样孩子才会知道某个东西是我的,是别人抢不走的,渐渐地也会知道不应该拿别人的东西。最终,孩子一定能够划清楚自己和别人的界限。

当孩子形成了物权归属意识,而且把某些东西都据为自己所有,不允许别人触碰的时候,父母要尊重孩子的意愿,不要指责孩子自私或者小气。对于孩子非常珍惜的那些玩具,一定不要强求孩子必须与他人分享,只有度过物权归属这个发展阶段,孩子才能学会真正意义上的分享。当然,分享是一个需要引导的过程,父母要有足够的耐心引导孩子,而不要简单粗暴地强求孩子。

为了培养孩子分享的意识,还需要注意的是在家庭生活中,当孩子要和父母分享一些东西的时候,父母要非常高兴地接受,不要拒绝孩子,除非父母真的不想要这个东西,才能够明确地拒绝。还需要注意的是,不要过度夸赞孩子的分享行为,对于孩子来说,这是他们理应做出的行为,父母过度地夸奖反而会让他们觉得分享是一件不符合自然常规的事情。只有以平常的态度对待孩子的分享,孩子才会觉得自己应该分享,也才会乐于分享。

说脏话、狠话的"力量"

中午,奶奶正带着晨晨在客厅里玩耍,晨晨想要吃一个零食,奶奶不同意,晨晨突然恶狠狠地对奶奶说:"你要是不听话,我就把你扔到楼下去,摔死!"听到晨晨说出这样的话,奶奶非常惊讶,她不知道晨晨是跟谁学了这句话,也不知道晨晨为何突然冒出这句话。看到晨晨幼稚的小脸一本正经的样子,奶奶又觉得非常好笑,忍不住哈哈大笑,晨晨就更生气了,说:"我拿刀把你杀死!"

傍晚,爸爸妈妈下班回到家里,奶奶把晨晨的话说给爸爸妈妈听,爸爸妈妈感到很震惊,说:"晨晨是从哪里学到的这句话?这样的话可是有暴力倾向的!"后来,爸爸妈妈特意咨询了心理专家,得知两岁多的孩子一旦从某些途径得知了脏话,很快就会热衷于说出脏话、狠话,来验证这些话的力量。当孩子说这些话的时候,最好不要给予孩子过多的关注,这样孩子渐渐地就会忘记这些话。

在儿童心理专家的指导下,爸爸妈妈这才知道应该如何应对晨晨说脏话的情况,也把心理专家的意见告诉了爷爷奶奶,于是全家一致都不理会晨晨说脏话的行为。果然,过了一段时间之后,晨晨就把脏话彻底忘记了。

俗话说,童言无忌。虽然孩子的话都是非常天真的,但是当孩子说出那些恶狠狠的话时,还是会让人感到心里很别扭。

作为父母，当听到孩子肆无忌惮地说脏话时，一定很想马上就纠正孩子错误的行为，甚至有些父母因为担心孩子养成说脏话的坏习惯，还会非常焦虑。实际上，对于两岁多的孩子而言，他们说脏话、狠话是在发泄自己的情绪，也是在感受这些语言的力量。那么，要想避免孩子继续说脏话、狠话，父母一定不要对孩子有过激的反应，而是要先保持理性，找到孩子说脏话的原因，才能够有针对性地解决问题。

很多孩子说脏话都是出于一种模仿行为，例如，孩子在外面玩耍的时候，或者在看电视节目的时候，听到有人说脏话。众所周知，孩子的模仿能力是很强的，不管别人说了什么话，他们即便不理解其中的含义，却会进行模仿和重复。于是，他们说脏话的行为就发生了。

父母要相信，大多数孩子在说脏话的时候都是没有恶意的，他们可能只是从读音上模仿脏话的读音。如果听到孩子说脏话的人反应过激，如哈哈大笑起来，那么就会在无形中激励了孩子继续说脏话。反之，如果听到孩子说脏话的人都很生气，那么也会让孩子感受到说脏话的力量，所以孩子就会乐此不疲。因而对于听到孩子说脏话的人来说，听若未闻是最好的处理方式，这会让孩子感觉他们说出了脏话，就像是一记重重的拳头打在棉花上，毫无力道可言。

除了模仿某个特定的人或者是某个电视节目之外，孩子不断成长，他们走出家门，开始与更多的孩子或者是陌生人接触。在此过程中，他们接触到的信息也会越来越复杂，所以孩子越是长大，越是容易说出各种脏话。父母显然很难完全净化孩子的语言环境，除了要在家庭生活中要求全家人都坚持使用文明礼貌用语之外，在孩子和他人相处的时候，父母也要尽量告诉孩子一些文明礼貌的用语。既然我们无法改变外部的世界，那么我们就应该从内部来进行调整，让孩子具有自净语言的能力。

还有一些孩子是在愤怒的情况下说出脏话，这个时候他们是因为受到负面情绪的驱使，特别憎恨某个人或者是特别厌恶某件事情，因而口不择言地说出脏话。看到孩子做出这样的行为，父母一定要教会孩子自我控制，教会孩子疏导负面的情绪，帮助孩子在心中树立起屏障，过滤掉那些语言环境中的脏话。

从心理学的角度来说，还有一种情况是父母需要引起足够重视的，那就是孩子故意说脏话是为了引起父母的关注。很多父母平日里不是特别关注与孩子的相处，因为忙于工作，无形中就疏远了孩子，对孩子感到特别陌生。当发现孩子说脏话的时候，父母就会开始关注孩子，原来，孩子说脏话是为了引起父母关注。要是想让孩子以其他方式来赢得父母的关注，就要多多了解孩子内心的情况，也要给予孩子更多的关心，这样一来，孩子如愿以偿地得到了父母的关注，得到父母的陪伴和关爱，就不会再故意说脏话，更不会以这种错误的方式来吸引父母的注意。

第09章
2岁的孩子也会焦虑——安全感是孩子生命发展的必要养料

人人都追求幸福，那么，什么是幸福呢？对于两岁多的孩子而言，幸福是非常简单的，那就是在获得安全感的基础上感到满足。由此可见，安全感是幸福最基本的保障，必须在有安全感的情况下，孩子才能够真正地感受到幸福。作为父母，在培养孩子成长的过程中，一定要给予孩子足够的安全感，这样孩子才能够远离焦虑，获得生命发展必需的养料。

分离焦虑，是缺乏安全感的表现

所谓分离焦虑，是针对婴幼儿来说的。从心理学的角度来说，分离焦虑指的是婴幼儿在与他的照顾者产生亲密无间的情感连接之后，又因为某些原因不得不与照顾者分开，所以他们出现了情绪上的剧烈波动，以及心理上的紧张焦虑。这可以体现出他们抗拒分离的意愿。从根本上来说，分离焦虑之所以产生，是因为婴幼儿缺乏安全感。在离开熟悉的照顾者之后，婴幼儿面对陌生的照顾者，或者是面对不那么熟悉的照顾者，心里会感到非常紧张，也不知道自己接下来将会如何，因而产生对未知的恐惧。

通常情况下，学龄前儿童的分离焦虑表现得更为明显。大多数儿童对于妈妈都特别依恋，当与妈妈分离的时候，他们往往觉得无法忍受。孩子与妈妈之间的关系为何如此亲密无间呢？这是有生理原因和心理原因的。众所周知，妈妈十月怀胎才能够孕育孩子不断成长，而在孩子出生之后，又通常是妈妈一直在细心地照顾孩子。孩子在婴儿时期就会下意识地寻求妈妈的温暖，甚至很多新生儿在出生后的一段时间内，会依然觉得自己与妈妈是一体的，并没有把自己与妈妈分开。直到孩子八个月前后开始学习爬行，开始学习走路，才会具备独立行动

第 09 章
2 岁的孩子也会焦虑——安全感是孩子生命发展的必要养料

的能力，而不再需要妈妈带着他们去各个地方。婴幼儿与妈妈的心理分离是从婴儿与妈妈的身体分离开始的，当婴幼儿不再依赖于妈妈去各种地方，而具备了独立行动的能力，他们的心理上才开始渐渐地走向独立，也才开始意识到自己与妈妈是两个个体。

对于孩子来说，这种分离的感觉是很复杂的，他们会因为自己与妈妈分离而感到新鲜和兴奋。他们从未想到自己居然可以离开妈妈，去探索这个全新的世界，但是与此同时，他们在离开之后也会感到非常紧张和焦虑，甚至会特别恐惧。毕竟孩子还很年幼，他们各方面的能力发展有限，他们并不能完全依靠自身去做好每一件事情。又因为在出生之后，他们就一直和妈妈一起生活，得到妈妈无微不至的照顾，所以他们很担心自己一旦离开了妈妈就会失去妈妈。有很多孩子都不敢离开妈妈的身边半步，是因为他们害怕妈妈会丢下他们。就是在这种担心和紧张的情绪之下，孩子才会产生分离焦虑，如果孩子能够确定自己不管离开妈妈有多远，妈妈都依然会爱他，也依然会拼尽全力去保护他，也依然愿意照顾他，那么孩子分离焦虑的情绪就会大大缓解。

之所以出现分离焦虑的情况，还有一个原因就是孩子的时间观念还不够明确，他们对于时间的流逝并没有明确清晰的感知，也不能够预见未来的各种情况，所以孩子一旦看不到妈妈在自己的身边，就会觉得自己彻底失去了妈妈。他们会很恐惧，因为他们并不认为妈妈会回来，为了帮助孩子认识到妈妈只是暂时离开，很快就会回来，妈妈可以对孩子进行这些方面的训练。例如，一直在由妈妈照顾孩子的情况下，如果妈妈想让别人来照顾孩子，或者是想把孩子送到幼儿园去，那么就可以告诉孩子自己会离开一会儿，马上就回来。看到妈妈离开，孩子一定会哭泣，但是当他看到妈妈如约回来之后，他就会意识到，妈妈并不是真的离开了，妈妈还是会回来的。这样的认知会让孩子感到安心和踏实。在此过程中，妈妈离开的时间可以不断地延长，例如，从一开始妈妈只离开十分钟，然后到半个小时，再到一个小时，再到半天，甚至一天。渐渐地，妈妈与孩子就可以分开更长的时间，也就可以把孩子交给别人暂时照顾，而自己去工作，或者做其他事情。

其实，分离焦虑并不是孩子的专利。对于很多妈妈而言，离开孩子，妈妈自身也是非常焦虑的。所以妈妈在帮助孩子度过分离焦虑的同时，其实也是在帮助自己应对分离焦虑。很多孩子刚刚上幼儿园的时候，妈妈因为此前一直照顾孩子，所以在家里会坐卧不宁。尤其是孩子上幼儿园的第一天，离开妈妈的视线，妈妈更是紧张不安。在这种情况下，妈妈不但要帮助孩子战胜分离焦虑，更要帮助自己战胜分离焦虑。

没有任何人喜欢分离，不管是父母还是孩子都是如此，所以在和孩子分离的时候，父母一定要做好告别的仪式。有些父母会选择偷偷地离开孩子，这会给孩子带来深深的恐惧，让孩子觉得自己被父母抛弃了。父母应该正面与孩子告别，不管孩子是否哭泣，都要告诉孩子自己将在什么时候回来。虽然孩子一直在哭闹，但是他们会听见父母对他们所说的话，也会做到心中有数。

在离开孩子的时候，千万不要诱惑或者是吓唬孩子。有些父母看到孩子哭闹不止，会采取吓唬孩子的方式，让孩子暂时停止哭闹，其实这对孩子来说是一种心理上的伤害。孩子要面临分离，原本就很焦虑紧张，如果再承受心理上的伤害，那么就是双重伤害。总而言之，父母要选择正确的方式与孩子分开，也要选择以合理的方式帮助孩子调整分离焦虑，这样孩子就能够渐渐地学会心平气和地接纳分离。

孩子总爱黏人——内心不安的表现

对于很多妈妈而言，除了要辛苦地工作之外，家里还有一个甜蜜的负担，那就是粘人的宝宝。从某种意义上来说，对妈妈而言，孩子愿意与自己亲近当然是一件好事情，这说明自己得到了孩子的信任，也被孩子依赖。然而当孩子过度依赖妈妈，总是黏着妈妈的时候，对妈妈来说就会变成一种负担。有些孩子黏着妈妈到什么程度呢？哪怕妈妈去上厕所，他也要站在厕所的门口看着妈妈，就像妈妈照顾孩子时不能够让孩子离

我的孩子2岁了

开自己的视线一样,孩子黏着妈妈,也不愿意让妈妈离开自己的视线。同样的,孩子不管做什么事情,都要求妈妈陪伴在他们的身边。只要妈妈在家里,孩子甚至不愿意和任何人相处,这会使孩子很孤独。

很多孩子就像小袋鼠一样,每时每刻都要求妈妈抱着他,妈妈一旦离开他一米远,他马上就会很生气地开始哭喊。从心理学的角度来说,孩子依恋妈妈,这个是非常正常的。很多孩子在成长的过程中都会出现黏人的情况,这也是正常的,而且是合理的。然而,如果随着不断成长,孩子的身体已经具备了独立行走的能力,也相对自由,可以去自己想去的地方,但是

2岁的孩子也会焦虑——安全感是孩子生命发展的必要养料

他们心理上依然如此依赖妈妈，那么就说明孩子的心理上存在一定的问题。

通常情况下，孩子之所以黏人，是因为他们内心感到不安，缺乏安全感。孩子这么黏人，使妈妈觉得自己被孩子束缚住了。对孩子的成长来说，如果他不管做什么事情都需要有妈妈的陪伴，这也会限制孩子走向独立。要想让孩子不再那么黏人，首先要帮助孩子建立安全感。

孩子黏人，其实是对爱的需求和渴望。那么孩子妈妈既不要无限度地宠爱孩子，也不要故意疏远孩子，否则会让孩子更加缺乏安全感。尤其是不要按照自己的情绪来对待孩子。有些妈妈情绪高涨的时候就喜欢孩子黏着，当自己情绪不佳的时候，就恨不得马上把孩子推开，甚至还会莫名其妙地训斥孩子。这样的妈妈是非常自私的，她们完全不顾及孩子的感受，她们在想获得自由的时候，就会没有征兆地离开孩子，使孩子误以为自己失去了妈妈，这对孩子而言是沉重的打击。这种错误的方式会导致孩子更加不安，对于培养孩子的独立性也是极其不利的。对于两岁多的孩子，妈妈一定要告诉孩子："妈妈爱你！妈妈一直都会在你的身边！"当孩子确信这一点之后，他们就不会再要求每时每刻都能看见妈妈，以及每分每秒都和妈妈在一起了。

有些妈妈把黏人的孩子比喻成自己的狗皮膏药，一旦黏在身上就撕扯不下来了。其实，妈妈这样的想法是错误的。要知道，孩子的成长是不可逆的过程，对于孩子来说，成长是一个非常快速的过程。在这个过程中，孩子的确是需要妈妈陪伴的，而等到真正长大之后，哪怕妈妈离不开孩子，孩子也未必愿意继续黏在妈妈身边。所以妈妈要珍惜和孩子相处的时光，要经常和孩子沟通，与孩子进行感情上的交流。当孩子喜欢做某件事情的时候，妈妈也要陪伴着孩子一起去做，告诉孩子自己的感受，也把自己的情绪表达给孩子听。这种爱不像是烈火干柴，而像是细水长流，能够给予孩子稳定的安全感。

对于那些特别黏人的孩子，为了培养孩子独立性，妈妈要学会与孩子适当适时地分离。在日常生活中，可以让家人更多地陪伴孩子，例如，让爸爸和孩子一起做游戏，当孩子发现和爸爸一起做游戏也非常有趣的时候，他们就不会再一直缠着妈妈了。

除了家人多多陪伴孩子之外，妈妈和孩子在一起的时候，为了让孩子不那么黏人，还可以做一些事情来帮助孩子转移注意力。例如，孩子很喜欢做手工，那么就可以让孩子沉浸在做手工的乐趣之中，这样孩子在短时间内就不再黏着妈妈。例如，孩子很喜欢和小朋友一起玩，那么妈妈可以带着孩子和小朋友们一起玩，自己则在一旁安静地守护着孩子。孩子沉浸在和同龄人的友谊之中，也会忘记黏着妈妈。

孩子的世界里不应该只有妈妈一个人，明智的妈妈知道，只有自己从孩子的世界里抽身而出，才能让孩子容纳更多的人和事情，让孩子的人生更加精彩。

不给孩子贴标签——胆小鬼

对于两岁多的孩子而言,他们很容易会出现胆小、怕生的情况。在熟悉的人群之中,他们会非常放松,也表现很自然,但是一旦面对陌生人,或者是面对那些并不经常见面的人,如果对方对他们表现得过于热情,他们就会感到非常恐惧,甚至会不停哭闹。从表面看起来,孩子似乎是认生胆小,实际上,是孩子不喜欢与陌生人相处。对于两岁多的孩子而言,不喜欢与陌生人相处是一种非常正常的现象。当因为看到陌生人而哭泣时,他们一旦远离了陌生人或者是不熟悉的人,马上就会停止哭泣,恢复如常。

孩子为什么会怕生呢?这是因为每个孩子都害怕未知的情况,包括人或事物。他们不知道那些未知的人或事物给他们带来怎样的伤害,他们也无法从这些未知的人和事物身上获得安全感,所以他们才会出现胆怯的表现。小小的婴儿在满月之后就已经会开始认生了,随着不断成长,在不同的月龄中,他们认生的表现也是不同的。这很好理解,这是因为孩子随着不断成长,思维也在发生变化,他们的人生阅历、人生经验也在变得更加丰富,而且他们意念的能力会越来越强,所以他们对于陌生人会有完全不同的各种反应。

很多父母都不希望孩子胆小,实际上对于孩子来说,认生是他们的自我防御和保护机制。认生的孩子在面对未知的人时，会马上开始哭闹，以引起父母的警惕。这样就能够很好地保护自己。除了本能地怕生之外，也有一些孩子怕生是因为他们的性格，也有可能是父母的教养方式导致的。

在很多家庭里，孩子都生活在一个相对闭塞的环境中，很少与他人相处，这样的孩子很容易认生。也有一些孩子性格比较内向，他们并不喜欢和陌生人交往，所以在面对陌生人的时候会感到很紧张。面对孩子认生胆小的情况，父母一定不要反应过激。有些父母因为心疼孩子看到生人就会哭泣，所以就避免让孩子见生人，很少带孩子出门。殊不知，这样一来，孩子没有机会与陌生人或者不太熟悉的人接触，而只限于与自己熟悉的几个人接触，他们生活的圈子就会越来越小。这并不能帮助孩子战胜对陌生人或者事物的恐惧，反而会使孩子怕生的表现越来越严重。

正确的做法是，当发现孩子有认生胆小的表现时，父母要为孩子创造更多的机会，让孩子与更多的人交往相处，也要让孩子有机会去经历更多的事情。唯有如此，孩子的胆子才会越来越大。

不管孩子是因为哪一种原因导致的胆小认生，父母都切勿给孩子贴上胆小鬼的标签。很多父母看到孩子认生胆小，就会非常生气，觉得孩子给自己丢面子，甚至指责孩子是个胆小鬼。父母不知道，孩子们的自我评价能力还没有完全形成，他们非常信任父母，所以会把父母对他们的评价作为自我评价使用。父母给他们贴上负面标签，这样一来，就会影响孩子对自己的认知，如果孩子认定父母所说的，也认为自己是个胆小鬼，那么他们的胆子就会越来越小。

明智的父母从不会当着孩子的面说孩子胆小怕生，而是会鼓励孩子与他人相处，这样孩子才会越来越胆大。当然，对于两岁多的孩子而言，他们要想接触陌生人，必须要经历一个过程。父母切勿强求孩子快速接纳陌生人，而是要给孩子一定的时间，让孩子能够渐渐地敞开心扉，接纳陌生人。尤其是在与陌生人初次见面的时候，父母可以提醒陌生人对孩子不要太过热情，也不要过于关注孩子，这样孩子在心理上就不会那么紧张。

两岁多的孩子主要在家庭中生活。等到三岁左右，他们就需要进入幼儿园去开启自己的集体生活。一个认生的孩子在幼儿园里很难快速地结交朋友，那么父母要鼓励孩子多多和同龄人相处，也可以在日常生活中带着孩子在小区的广场上或者是一些孩子比较多的公园里玩耍，给孩子创造机会和同龄人在一起。

需要注意的是，父母虽然要鼓励孩子与陌生人相处，但是也不要矫枉过正。一个完全不认生的孩子并不能够很好地保护自己，对于那些纯粹的陌生人，父母还是要教会孩子保持警惕心理。毕竟坏人脸上没写字，孩子只有保持警惕心理，才能够避免被坏人伤害。

"冷漠又孤独"的孩子不受欢迎

两岁半的琪琪已经进入幼儿园了,原本妈妈以为琪琪在哭过一段时间之后就会适应幼儿园的生活,而且会很喜欢和幼儿园里的小朋友们在一起玩。但是琪琪在上了两个月的幼儿园之后,每天早上依然很抵触去幼儿园,起床的时候总是哭哭啼啼的,在去幼儿园的路上,也总是央求妈妈不要把她送到幼儿园里。妈妈非常纳闷,她问琪琪:"幼儿园里有那么多玩具,还有那么多小朋友一起玩,你为什么不喜欢去幼儿园呢?"琪琪就是哭,从来不说话。

妈妈向幼儿园的老师了解琪琪在幼儿园里的表现,老师对琪琪妈妈说:"琪琪这个孩子非常怪,她很少跟其他小朋友一起玩,总是自己坐在某个角落里。有的时候,其他小朋友想跟她一起玩,她也表示拒绝。她还不愿意按照老师的指令去做事情,总是跟老师对着干。有的时候我们会故意逗她,但是她的表现非常冷漠。"

琪琪这是怎么回事儿呢?通常情况下,两岁多的小孩应该是非常喜欢和同龄人在一起玩的,而且只要有人对他们好,他们也应该会给予积极的回应。那么,琪琪为何表现得如此冷漠,而且非常孤独呢?

其实,每一个孩子的行为表现都与父母的教育方式密切相关。通常情况下,在一个家庭中,如果父母对孩子非常严厉,

2岁的孩子也会焦虑——安全感是孩子生命发展的必要养料

不管孩子做什么事情,父母都会严厉地训斥孩子,那么孩子渐渐地就会变得非常冷漠。正是因为他们不愿意承受父母的批评和训斥,所以他们会采取闭目塞听的方式关闭自己的耳朵,让自己听不见父母的话。

尤其是两岁多的孩子,他们对于父母是非常依赖和信任的。当然两岁多的孩子也是非常顽皮的,他们往往会做出一些出格的举动,调皮捣蛋。在这种情况下,父母不管是非常严厉地管教孩子,还是试图以简单粗暴的方式改变孩子,都会让孩子对父母疏远。在家庭生活中,如果孩子与父母之间的关系非常疏远,那么孩子在情感上就会处于非常空虚的状态。还有一

些父母望子成龙，望女成凤，把小小年纪的孩子就送到各种早教班里学习，这完全违背了孩子的身心发展规律，会导致孩子出现感情冷漠孤僻、不合群等情况。

　　为了让孩子有更好的行为表现，让孩子充满热情，更加合群，父母要调整家庭教育的方式。首先，父母不要对孩子有过高的要求。要知道，孩子的成长是一个漫长的过程，孩子不管在哪些方面，要想表现得更好，都需要时间来适应。所以父母要慢慢地教孩子，也要给予孩子足够的时间，让孩子循序渐进地学习。此外，也不要如同填鸭一样教授孩子各种各样的知识。对于年幼的孩子来说，吃喝玩乐就是他们该做的事情，尤其是玩耍，也是孩子学习的一种方式。所以父母与其迫不及待地教给孩子知识，还不如带着孩子一起玩耍，让孩子更快乐地成长。

　　父母只有用爱来温暖孩子，用耐心的陪伴来滋养孩子的心灵，孩子才会成长为一个有温度有热情的人。当然，在日常生活中，父母还要多多和孩子进行沟通，孩子难免会有闹情绪的时候，在这个时候，父母不要一味地批评和指责孩子，而是要帮助孩子认识自身的情绪，也要教会孩子如何疏导自己的负面情绪。这样孩子才能够从负面情绪中走出来，也才能够调整好情绪，面对周围的人和事。家是孩子生长的天地，父母是孩子在这个世界上最重要、最亲近的人，父母要为孩子营造良好的家庭氛围，也要为孩子提供最好的教育，这样才能够让孩子身心健康地成长。

不要"庇护"孩子

在城市生活中,因为工作忙碌紧张,所以很多父母都把孩子交给老人看管。也有一些父母的工作虽然没有那么繁忙,但是作为新手父母,他们对于照顾孩子并没有经验。为了让孩子在吃喝拉撒方面得到更好的照顾,他们也会把孩子交给老人看管。

在这样的家庭里,孩子们在三岁上幼儿园之前,往往会和老人朝夕相处,与老人一起度过。这样一来,孩子就会接受老人的教育,虽然不能说所有老人的教育都是与时代脱节的,但是和现代社会先进的教育观念相比,老人们传统的教育观念还是相对落后的,而且老人所采取的传统的教育方法,也并不能够起到最佳的教育效果。尤其是有些老人接受文化教育的程度很低,所以他们有时会对孩子产生负面影响,还会骄纵和宠溺孩子,使孩子在成长过程中失去行为界限,越来越无法无天。

老人对孩子的疼爱往往没有限度,这是因为隔代亲,也是因为老人更关注孩子的身体健康,而忽略了孩子学习和精神上的成长。现代社会,人们生活的条件越来越好,物质上越来越丰富,老人对于孩子也更加骄纵、宠溺。尤其是当孩子闹脾气的时候,老人更是会无限度地纵容孩子,这使孩子渐渐地养成了非常自我的坏习惯。他们觉得自己是整个家庭生活的中心,也觉得自己不管提出什么要求都能得到满足,因而唯我独尊。

长期在这样的环境中成长，问题渐渐地就会凸显出来。孩子们是很善于察言观色的，虽然他们年纪小，但是他们知道谁最可爱，谁最严格要求他们。在和长辈一起生活的过程中，他们渐渐地失去了分寸，哪怕是面对长辈说起话来也无所顾忌。有的时候他们不小心闯了祸，很担心自己会被父母批评，就会寻求长辈的庇护，让长辈来保护他们。在这种情况下，长辈因为觉得是自己带着孩子，又因为非常疼爱孩子，所以会对孩子的错误大包大揽，从不指责和批评孩子。

在由老人带孩子的家庭中，老人与年轻人之间会发生各种矛盾。一则，年轻人需要老人帮助他们带孩子，二则，老人在带孩子的过程中会超越年轻人的界限，对孩子的教育问题指手划脚。当孩子真正地养成了逃避责任和仗势欺人这些不良习惯的时候，老人对孩子却又束手无策。

此外，老人更关注孩子的吃喝拉撒，而不会关注孩子的身心健康，这是老人带孩子很大的一个弊端。作为年轻人，在面对这样的情况时，要把握几个原则。

首先，对孩子的教育问题要坚持底线，切勿突破底线。老人虽然帮忙带孩子很辛苦，但是这并不意味着老人可以取代父母去教育孩子。

其次，和老人产生冲突时，不要指责老人的教育方式是传统落后的，也不要指责老人是在给家里添乱，否则只会让老人感到非常委屈。其实，老人只是想来利用他们的教育经验帮忙教育孩子，他们的出发点一定是好的。年轻人要接受老人的好意，在此基础上再和老人沟通，和老人分工明确，给予孩子更好的照顾和教育。

最后，要处理好家庭关系，年轻人不管因为什么原因与老人发生争执和矛盾，对孩子的影响都是非常不好的。在遇到问题的时候，要怀着积极的态度解决问题，而不要对问题采取回避的态度，或者指责任何人。

孩子总有一天要离开家庭，走向社会，其实从孩子上幼儿园开始，就已经从家庭生活中走出去了。孩子需要和同龄人相处，需要融入幼儿园的大环境中。在这种情况下，父母如果总是包庇孩子，那么孩子就会越来越无法无天。明智的父母会和老人沟通，为孩子确定行为的边界，在孩子犯错误的时候坚持原则，惩罚孩子，让孩子承担责任，这样孩子才能够积极地改正错误，也才能够身心都健康成长。

第 10 章

2 岁孩子麻烦事也不少——让我们帮助你一起解决

在成长的过程中，每个孩子都会有不同的表现，也会呈现出自己独有的规律和特点，即使在面对同一件事情的时候，很多孩子也会情况各异。在这种情况下，为了帮助孩子们解决问题，我们特意挑选了一些非常典型的表现来为父母们进行分析，相信很多父母在阅读了解了孩子的这些表现之后，会更好地陪伴孩子成长。

我的孩子2岁了

孩子吸吮大拇指，还喜欢卷扭头发

琪琪是一个非常美丽可爱的女孩，已经两岁半了，她从小就喜欢吸吮大拇指。早在婴儿时期，她就常常把大拇指塞在嘴巴里吸吮，父母对此不以为意，觉得婴儿都是喜欢这么做的。后来，琪琪成长到两岁半，头发也非常长了，她不知不觉间又养成了扭头发的习惯。看到琪琪经常把头发拽得很紧，而且会拽掉一些头发，父母这才着急起来。他们仔细观察，发现大拇指的指甲盖也被琪琪咬得乱七八糟，这可怎么办呢？虽然父母想方设法帮助琪琪戒掉吸吮大拇指和卷扭头发的坏习惯，但是却收效甚微。

为了帮助琪琪戒掉吸吮大拇指和卷扭头发的坏习惯，妈妈想出了一个办法。她在网络上买了一种奇怪的药水，涂抹在孩子的大手指上，这样孩子在吸吮大拇指的时候就会觉得非常苦涩。她还把琪琪满头的秀发都给剪短了，剪得就像男孩子一样，这样琪琪就没有办法卷头发了。但是与此同时，问题也发生了，爸爸妈妈发现琪琪的情绪变得非常容易激动和愤怒，也常常会和爸妈之间发生冲突。看着情绪暴怒的琪琪，爸爸妈妈彻底束手无策了。

对于父母而言，当看到孩子不仅吸吮大拇指，而且喜欢卷扭头发的时候，一定会感到很抓狂。尤其是当他们认为孩子随着不断成长，会改掉这些坏习惯，但是却发现孩子的这些坏习惯根深蒂固，并没有随着成长而消失时，父母就会变得更加紧张。很多孩子因为吸吮大拇指会导致大拇指的指甲出现断裂，或者是手指脱皮，也有的孩子因为喜欢卷扭头发导致头发脱落，这已经对孩子造成了事实上的伤害，所以父母的紧张也是情有可原的。

有些父母带着孩子去看医生，医生对此却并不以为意。尤其是当孩子还年幼的时候，医生往往会安抚父母：随着不断成长，孩子这个坏习惯会慢慢好转。然而父母总是等不及孩子长

大，或者看到孩子的习惯没有好转，又开始想各种各样的办法帮助孩子戒掉坏习惯。事实上，细心的父母会发现，孩子之所以会吸吮大拇指，或者是卷扭头发，往往是因为感到无聊和乏味。例如，孩子正在做一件很有趣的事情，那么他往往不会吸吮大拇指，也不会卷扭自己的头发。反之，如果孩子正觉得无聊，不知道自己应该做什么才好，那么他就会情不自禁地开始卷扭头发，或者吸吮大拇指，甚至啃咬自己的指甲。有些孩子除了在无聊的时候会有这样的行为之外，在感到紧张的时候，也会有这样的行为。可想而知，这样的行为是为了消除无聊或紧张的感觉。所以找到了孩子出现这种行为的心理原因，父母就可以有的放矢地帮助孩子消除紧张感，也可以在孩子无聊的时候陪伴孩子一起玩耍，给孩子找一些有趣的游戏或者带着孩子参加户外活动。这样孩子就不会无聊，就会越来越投入活动之中，感受快乐。

面对孩子各种各样的习惯，我们要把握一个原则，那就是不要把关注点放在这个习惯本身上，而是要通过习惯的表象，找到孩子引起和形成这种习惯的深层次内在原因，这样才能更深入地了解孩子的内心，彻底解决问题，而不会被习惯困住。

孩子害怕晚上独立入睡

随着弟弟的出生,佳佳不能住在父母房间里的婴儿床上了,而要去自己的房间里睡大床。佳佳才刚刚两岁,这对于她而言可是一个不小的挑战。刚开始的时候,因为妈妈把佳佳的床布置得非常美丽,房间也布置得很温馨,所以佳佳特别喜欢。但是有一次,佳佳因为感冒发了高烧,可能出现了幻觉,看到了害怕的东西,自从这次事件之后,佳佳就不敢独自睡在自己的房间里了。

每天晚上要睡觉的时候,佳佳就开始闹腾。她常常会跑到爸爸妈妈的房间里,要求和爸爸妈妈一起睡在大床上,因为她的婴儿床已经由弟弟来睡了。有的时候爸爸妈妈会留下佳佳一起睡觉,但是当看到佳佳越来越黏着爸爸妈妈的时候,爸爸妈妈就会要求佳佳回到自己的房间里睡觉。有的时候,爸爸或者妈妈会陪着佳佳在房间里待一会儿,直到佳佳睡着为止,或者给佳佳讲故事,安抚佳佳的情绪。

有一天晚上,爸爸陪完佳佳正准备离开,听见佳佳自言自语:"我不怕怪物,我不怕怪物!"爸爸看到佳佳蜷缩着身体,非常心疼。第二天,爸爸问佳佳:"佳佳,每天天黑之后,房间里会有怪物吗?"佳佳点点头,说:"是的。在我睡觉的时候,怪物就会来,我很害怕!"爸爸又问佳佳:"怪物长什么样子呢?"佳佳说:"我也不知道。它躲在黑暗里,我看不见它。"爸爸恍然大悟,原来佳佳并不是害怕怪物,而是害怕黑暗。到了晚上,爸爸又陪着佳佳睡觉,爸爸给佳佳讲完故事,准备离开的时候,送给佳佳一个礼物。那是一个非常可爱的小夜灯,发出粉色光芒,粉色是佳佳最喜欢的颜色。这个小夜灯造型很漂亮,是佳佳最喜欢的卡通小兔子。在小夜灯的陪伴下,佳佳似乎不那么害怕了,爸爸指着黑暗处对佳佳说:"有了小夜灯,黑暗的地方就不再黑暗了,你可以看到黑暗里什么也没有。所以你要安心地睡觉,爸爸妈妈就在隔壁的房间里,会随时保护你的,好吗"佳佳开心地点点头。

在这个事例中,佳佳还很小,她独立睡在房间里,独立睡在自己的床上。对两岁多的孩子而言,这是一个很大的挑战。但是小弟弟的出生,让爸爸妈妈没有办法同时照顾两个孩子,所以只能让佳佳提前分房间分床,独立入睡。孩子对未知的事物总是感到恐惧,尤其是当夜幕降临的时候,孩子原本对于独立入睡就心怀抵触,在父母分开之后独自面对黑暗,他们更会感到紧张。了解了佳佳害怕的事物,爸爸为佳佳准备了小夜灯,这样佳佳随时都能看到黑暗中空无一物,也就没有那么害怕了。

当孩子害怕独立入睡的时候,父母一定要知道孩子到底在害怕什么。有些时候,如果负责带孩子的人白天恐吓孩子,那么孩子在晚上睡觉的时候也会非常害怕。所以父母要找到问题的症结所在,这样才能有效地解决问题。如果孩子怕黑,那么可以为孩子准备小夜灯；如果孩子觉得孤独，那么可以给孩子准备一个喜欢的毛绒玩具，放在孩子的床边陪伴孩子；如果孩子觉得有怪物，那么父母要告诉孩子根本没有真正的怪物。只有消除孩子心中的很多疑问，才能帮助孩子战胜恐惧，孩子才能够坦然地在黑暗中入睡，也才能够拥有香甜的睡眠。

需要注意的是，对于孩子恐惧的那些东西，父母固然要帮助孩子战胜恐惧，却也不要过于频繁地提起，因为有的时候过于频繁地提起，不但不利于孩子忘记这些令他们恐惧的东西，还有可能会加深孩子的印象，让孩子对此更加害怕。其实，孩子的注意力很容易被转移，如果父母能够在孩子入睡前给孩子讲一个温馨美好的故事，那么孩子就会沉浸在美好的故事情节中，而忘了那些可怕的事情。这对孩子而言是一种非常好的转移注意力的方式。还需要注意的是，在入睡前，为了让孩子保持情绪的平稳，有利于孩子入睡，最好不要和孩子进行剧烈的活动，更不要刺激孩子的情绪，这样孩子才能够睡得更加平静。

孩子和玩具熊寸步不离

豆豆已经两岁半了，他有一个特别奇怪的行为，那就是不管走到哪里都要抱着他的玩具熊。豆豆的玩具熊是周岁生日的

时候，舅舅送给他的生日礼物。在当时，豆豆还不知道如何玩玩具熊呢，只是觉得玩具熊很漂亮。后来，随着不断成长，他越来越迷恋玩具熊。他对玩具熊已经达到了寸步不离的程度，不管走到哪里都会把玩具熊抱在怀里，哪怕是和爸爸妈妈一起出门去旅游或者回老家去看望爷爷奶奶，他也会带着玩具熊。如果不小心把玩具熊忘在家里，他就会哭泣，晚上也不能入睡。看到豆豆对玩具熊如此依恋，爸爸妈妈这才意识到问题有些不寻常。

豆豆经常和玩具熊做各种各样的游戏，他或者称呼玩具熊为爸爸妈妈，或者称呼玩具熊为宝贝，把玩具熊当成自己的兄弟姐妹。总而言之，在豆豆心里，玩具熊简直是一个无所不能的上帝，可以变成各种各样他需要的人。尤其是在爸爸妈妈出差的时候，豆豆更是对玩具熊特别依恋，每天晚上入睡之前，豆豆都会抱着玩具熊，和玩具熊说很长很长时间的话，有的时候还会讲故事给玩具熊听呢！白天吃饭的时候，豆豆也要求把玩具熊放在自己的旁边，陪着自己吃饭。

眼看着豆豆就要上幼儿园了，如果还是要抱着玩具熊去上幼儿园，这可不行呀！妈妈决定想办法帮助豆豆戒掉对玩具熊的依恋，但是她尝试了很多办法都不奏效。妈妈甚至怀疑豆豆是否有什么心理问题，因而带着豆豆去咨询心理医生。看到妈妈如此紧张的样子，心理医生笑着说："孩子之所以对毛绒玩具特别亲昵与依赖，是因为他们需要从这个玩具身上得到亲密

感与安全感。你们有可能不能经常陪伴在孩子身边,所以孩子就把感情投射到玩具熊身上。如果你们想要让孩子减少对玩具熊的依赖,就要多多陪伴孩子,要和孩子一起玩各种有趣的游戏,渐渐地吸引孩子的注意力。"

在心理医生的建议下,妈妈意识到问题所在。的确,她和爸爸经常因为工作的原因出差,把豆豆留给家中的爷爷奶奶照顾,有的时候也会把豆豆送去姥姥姥爷家里住几天。这样一来,豆豆就经常在不同的家里生活,可能因此失去了安全感。意识到这一点之后,妈妈决定她和爸爸之中必须有一个人调整工作,这样至少可以保证在一个人出差的时候,另一个人还可以留在家里照顾豆豆,让豆豆在熟悉的环境中生活。坚持这么做了一段时间之后,妈妈欣喜地发现,豆豆对玩具熊的依恋没有那么深了。

对于孩子心爱的玩具熊,父母如果突然将其夺走,就会使孩子感到非常不安和紧张。既然孩子已经形成了对玩具熊的依恋,那么父母就要接受这个事实,给孩子一个过程,去循序渐进地适应不再和玩具熊亲密相处、朝夕相伴的生活。例如,孩子去了幼儿园之后,他白天会和很多小朋友在一起玩耍,那么自然会把玩具熊抛在脑后;回到家里,他虽然还是会很亲近玩具熊,但是渐渐地,他与玩具熊的关系就会疏远。

随着不断成长,孩子生活的半径越来越大,生活中接触的人和事都越来越多。原本他们独自在家庭中生活,除了父母和长辈之外,很少有机会接触同龄人。但是在进入幼儿园之后,他们会有很多同龄的小伙伴,也会发现与同龄人在一起玩耍的乐趣,是和玩具熊在一起完全无法相比的。这样想之后,他们当然愿意和同龄人在一起玩耍。慢慢地,孩子就会减轻对玩具熊的依赖,父母也就无须担心了。

孩子说话不清楚

小可两岁三个月了,他的身体非常健康,长得又高又壮,而且性格特别开朗，脑筋也非常灵活，表现得比同龄人更加聪明。尤其是在生活自理方面，他各方面的表现都非常棒，可以独立吃饭，也完成了如厕训练。在日常生活中，他也能够按照爸爸妈妈制订的规矩按时吃饭睡觉。但是让爸爸妈妈非常担心的是，小可似乎不是很喜欢说话，和大多数两岁多的孩子总是叽里呱啦说个不停相比，小可更多的时间里都保持沉默。他偶尔说话，也是两个字两个字地往外蹦，比如爸爸、妈妈、爷爷、奶奶、车车、狗猫等。即使说这么简单的词语，小可的发音也不是很清楚，爸爸妈妈总是听不懂他在说什么。

为了培养小可的语言表达能力，爸爸妈妈在小可想要某个东西的时候，并不会当即拿给小可，而是先指着这个东西告诉小可这个东西的名称，并且字正腔圆地说出来给小可听，然后让小可模仿。小可高兴的时候就会模仿爸爸妈妈去说，有的时候他比较烦躁，就不愿意模仿爸爸妈妈去说，而且非常抵触爸爸妈妈这样的行为。和用语言表达相比，小可更喜欢用行动来表达他的心意。例如，他想去冰箱里拿牛奶，但是却打不开冰箱的门，就会拉着奶奶去冰箱的门前，指着冰箱的门示意奶奶。他想去厕所小便，但是又不想一个人去，就会拉着妈妈的手去厕所，再指一指马桶。虽然小可不爱说话，但是在生活中没有受到任何影响，因为他十分聪明，总是能够用行动来表达自己的意思，也能让爸爸妈妈理解他的真实想法。但是爸妈很担心，不知道小可这样不喜欢说话是不是因为发育不正常。

对于两岁左右的孩子来说，语言发展能力并不是完全一样的，有些孩子的语言发展相对比较迅速，在两岁前后就可以流利地说出大概有五六个字、七八个字的简单句子，也有的孩子语言发展相对滞后，他们在两岁的时候只能说简单的字词。对于孩子而言，他们这方面的能力发展很快，那方面的能力发展相对滞后，这是完全正常的情况，并不属于异常情况。虽然大多数孩子在一岁半到两岁之间会进入语言发展的爆发期，他们在此之前积累了很多字词，会急急忙忙地往外蹦，所以表现出很强的表达欲。但是，也并非所有的孩子都是如此。事例中的小可就比普通孩子的语言发育相对缓慢一些，并不用担心。

和女孩子相比，男孩的语言发展能力相对滞后，说话能力的发展也不是非常完善。大多数男孩在三岁之前的语言表达能力都不那么强，所以作为父母既不要感到着急，也不要盲目地下结论，说孩子的语言能力发展不正常。从小可各方面的表现来看，他是非常聪慧的，智力发育完全正常，所以爸爸妈妈根本无须担心。

当然，为了促进孩子的语言发展能力，父母可以在日常生活中多多与孩子沟通和交流。例如，事例中爸爸妈妈会告诉小可某一个事物的名称，然后再把这个东西拿给小可，这就是一种非常好的方式。当然，如果孩子非常抵触，也不要过于强迫孩子，还可以以讲故事的方式来激发孩子的语言表达能力，激发孩子思维的发展,这对于培养孩子的语言能力和提高孩子的思维能力都是非常有好处的。

我的儿子是天才

对于儿子强强的表现,妈妈常常感到震惊。这是因为强强有着超强的记忆力,虽然他才两岁多,但是父母的对话他都能够复述出来,有的时候让他传达一个信息,他也传达得非常到位。正是因为如此,爸爸妈妈都高兴地称呼强强为小天才。

看到自己的孩子出类拔萃,妈妈总是非常高兴的。尤其是在幼儿园里学习一些知识的时候,其他小朋友根本不能记住,但是强强却记得非常牢固。强强的理解能力也很强,对于老师传达的一些信息,有些孩子往往不能够理解,强强却能够准确地复述给妈妈听。妈妈的心情非常复杂,他一方面为自己拥有这样优秀的儿子而感到骄傲,另一方面又非常焦虑,因为她担心自己不知道如何才能够培养强强的特长,让强强有更加出类拔萃的表现。

又过了一段时间,在快到三岁的时候,妈妈发现强强在记忆力方面的超强优势渐渐地减弱了。和小时候的记忆力非常强大相比,强强现在的记忆力反而持续降低,这使得他在同学们之间的优势就不那么突出了。看到强强从优秀到平庸,妈妈非常着急。原本，妈妈还想把强强培养成为一个出类拔萃的天才呢，没想到强强也只是一个普通而又平凡的孩子。想到强强将会和大多数孩子都一样，妈妈又觉得非常失落。

在这个事例中，强强在两岁前后表现出了超强的能力，而在三岁左右，各方面的能力又出现了明显的退步，使他变得越来越普通和平凡，和大多数孩子都没有区别，这是为什么呢？

很多父母在看到孩子表现优异之后，都会非常激动，因而望子成龙，望女成凤。每个父母都希望自己的孩子能够有非常伟大的成就，但是实际上每个孩子都是普通而又平凡的孩子，作为父母一定要学会接受这一点。

从心理学的角度来说，每个人的能力和天赋都是不同的，所以孩子们虽然都在同样的起跑线上，但是他们的资质却是不一样的。有些孩子天生资质很优秀，而有些孩子则天生非常普通和平凡。对于父母而言，孩子健康快乐的成长是最重要的。有些孩子从小就表现出独特的优势，就是因为他们小时候的优势特别突出，所以随着不断成长，他们的优势反而没有那么明显了。父母还会发现，那些从小看似天赋异禀的孩子，长大之后在某些方面的发展还会出现减弱的情况，这都是正常的。

也有一些孩子存在发育超前的情况，例如，他们的智力发育比较超前，那么在同龄人之中他们就显得出类拔萃。而等到同龄人也达到了一定的智力发育水平之后，他们就显得不那么突出了。这就像是跑步，有的人提前跑了，后面的人就跟着不停地追赶，而等到后面的人渐渐拉近了与前者的差距，就能够与前者保持平行的状态。父母要认清楚，孩子之所以表现得出类拔萃，是出于哪一种原因。是因为本身有天赋，还是因为超前发育？不管怎么样，孩子只要身心健康地成长，那么父母就无须过于慌张。尤其是当觉得自己家的孩子是个天才的时候，父母更应该保持内心的平静淡定。揠苗助长是要不得的，只会损害孩子成长的积极性，让孩子对学习失去兴趣。只有遵循孩子内心成长的节奏，让孩子按照自身的规律去成长，才是对孩子负责的态度。

孩子不肯独立吃饭

娜娜已经两岁半了，原本她已经可以独立吃饭了，但自从小弟弟出生之后，她的行为出现了倒退的现象。每天吃饭的时候，娜娜都不愿意主动吃饭，即使妈妈要求她把饭吃完，她也总是挑食，剩下很多食物。这和娜娜以前每次吃饭都非常认真，能够快速吃完，而且从来不剩饭相比，简直有着天壤之别。妈妈不知道为何娜娜会有如此巨大的变化。为了让娜娜能够摄入充足的营养，妈妈不得不每天给娜娜喂饭，这样就让娜娜吃饭的时间延长了很多，往往是饭都凉透了，娜娜还没有吃完。有一次，娜娜因为吃凉饭，还导致肚子疼，哭哭啼啼了半天。妈妈知道总是这样下去可不是办法，她决定要找出娜娜不愿意独立吃饭的原因。

经过一番观察，妈妈发现每次给小弟弟喂奶的时候，娜娜总是在一旁羡慕地看着，尤其是看着小弟弟哼哼唧唧地、心满意足地吃奶，娜娜很生气，发出粗重的喘息声。妈妈心中一动：难道娜娜是因为看到我们都照顾小弟弟，所以才故意不吃饭的吗？妈妈决定验证这件事情。

妈妈专门咨询了育儿专家，向育儿专家详细描述了娜娜的情况，育儿专家忍不住笑起来说："在很多生二胎的家庭里，

老大都出现了行为倒退的现象。娜娜这就是典型的行为倒退现象，这是在模仿弟弟，因为她也想和弟弟一样被你们照顾。所以你们要更多地关注她，既不要因此而批评她，也不要因此而大惊小怪，更不要总是提起这件事情。相信在经过一个阶段的适应之后，她就会认识到还是自己独立吃饭更好。"

两岁的孩子是非常敏感的，对于娜娜而言，她突然有了一个小弟弟，所以她在无形中就会和小弟弟争风吃醋。原本她已经能够独立吃饭，但是在看到小弟弟总是由爸爸妈妈喂奶之后，她也想得到同样的待遇，所以就会出现行为倒退的现象。对于二胎家庭的父母而言，当发现老大出现行为异常的时候，没有必要为此而惊慌，也不要因此而表现出特别重视和在意，而是要淡定平和地面对孩子的异常行为，也要假装漫不经心地去改变，从而陪伴孩子度过这个阶段。

两岁多的孩子原本正处于学习独立吃饭的过程之中，也许不仅仅是因为小弟弟或者小妹妹的出现，而是他们的行为在反复的练习和固化的过程中出现了波动，所以父母要耐心地观察孩子的表现，也要非常有耐心地等待孩子的行为更加稳固。等到确定孩子出现行为退步的具体原因到底是什么，再采取具体有效的策略，这是更为明智的。其实如果不是因为有了小弟弟或者小妹妹，对于两岁多的孩子，需要父母喂饭也是很正常的，所以父母可以给予老大更多的关注，也可以给老大更好的对待，例如，耐心地给老大喂饭，会让老大感到非常安全。对父母来说，一定要非常轻松地面对这件事情，而不要因此而产生巨大的压力，更不要把这种压力传递给孩子。只有轻松面对，才能够有效地解决问题。

孩子喜欢咬人

珍珍才进入幼儿园一个星期，就已经被老师告状几次了。原来，珍珍在幼儿园里很喜欢咬别的小朋友，她不是在以这种方式来表达对其他小朋友的喜爱，也不是在以这种方式与其他小朋友开玩笑。她是真的在咬人，下口非常重，而且一旦咬住了对方，就不愿意撒口，直到把对方咬得流血，才愿意松开她坚固的牙齿。老师几次三番被其他家长提意见，只能告诉珍珍妈妈："如果珍珍不能改掉咬人的坏习惯，那么就必须让珍珍退园，毕竟幼儿园里不能够因为珍珍这一个小朋友，失去大多数孩子。"

对于珍珍咬人的情况，妈妈是心中有数的。其实早在进入幼儿园之前，妈妈就已经开始告诫珍珍不要咬人。珍珍咬人大概是从一岁多开始的。自从出现咬人的行为之后，她就一发不可收拾，会故意咬妈妈，疼得妈妈哇哇乱叫。因为不知道如何才能帮助珍珍改掉这个坏毛病，妈妈还带着珍珍去看心理医生。心理医生给出的建议是顺其自然，不要太过看重这件事情，在孩子面前表现出非常夸张的样子，这样只会强化孩子的行为。但是在经过一段时间的淡化之后，珍珍咬人的行为并没有改善。现在，珍珍进入幼儿园才一个星期，就因此被老师频繁告状，甚至还有可能被劝退，这可怎么办？

对于两岁多的孩子而言，咬人的确是一个让人非常尴尬的举动，这是因为被咬的人一定会感到生气。而且如果把别人咬伤，就要承担责任。最重要的是小朋友们是很喜欢和同伴一起玩耍的，如果他们总是咬人，那么就会导致与他人之间的关系疏远，渐渐地失去朋友。

也许有人会说，对于咬人的孩子，就应该把他关在家里，让他减少和别人交往的频率。实际上，这对孩子而言是非常残酷的，这是因为孩子就应该在同龄人的群体之中长大。如果因为孩子咬人，就把孩子囚禁起来，那么孩子其他方面能力的发展就会受到限制和禁锢。

从心理学的角度来说，年幼的孩子之所以咬人，是因为他们在社交场合中感到压力巨大。细心的父母会发现，当孩子在玩一个有趣的游戏时，或者在玩一个非常喜欢的玩具时，孩子是不会出现咬人行为的。而当在社交场合中面对其他陌生人或者是熟悉的人时，他很有可能会突然采取咬人的方式来引起他人的关注，或者表示对父母的反抗。父母在社交场合对孩子的要求太高，会使孩子承受过大的压力。要想降低孩子的心理压力，父母就要降低自己对孩子的要求，这样就能够有效地减少孩子咬人行为的发生。

对于那些总是咬人的孩子，很有必要采取一些强硬的措施。例如，当发现孩子要咬人的时候，把手握成拳头，顶着孩子的下巴，这样孩子就无法张开嘴巴，不得不终止咬人的行为。父母为了给孩子一些惩罚而采用这样的举动，还可以防止孩子咬到自己的舌头，感觉到疼痛。当父母坚持这么做，孩子就会知道咬人会给别人带来痛苦，从而能够对他人的痛苦感同身受。

孩子喜欢赤裸着身体来回跑

天气越来越热了，马克越来越不喜欢穿衣服。每天早晨起床之后，爸爸妈妈都会为他把衣服穿好，但是才过去一小会，他就会把自己脱得光溜溜的，在屋子里来回地跑，就像一条鱼儿那样自由自在。看到马克这样的表现，爸爸妈妈一直担心马克会着凉，也觉得如果形成了这样的坏习惯，总是赤裸着身体，那可太不讲文明礼貌了。

有的时候，爸爸妈妈强制要求马克必须把衣服穿在身上，马克就会想方设法地把衣服弄湿。例如，他会在洗脸的时候故意把上衣的前襟弄湿，回家上厕所的时候故意把裤子弄湿。有的时候，爸爸妈妈会为他穿好几件衣服，他就更加排斥，在穿衣服的时候号啕大哭，仿佛爸爸妈妈不是在给他穿衣服，而是在给他上刑。孩子为什么不喜欢穿衣服呢？爸爸妈妈对此感到非常费解。

为了让马克喜欢穿衣服，妈妈甚至把穿衣服的过程变成一个有趣的游戏，带着马克一起玩。但是，马克并不配合。一开始，他还很乐意玩这个游戏，但是在穿上衣服之后，他很快就会脱掉。后来，当他意识到妈妈之所以和他做这个游戏，目的就是哄骗他穿上衣服，他就非常排斥和抗拒。在夏天，马克不喜欢穿衣服；在冬天，马克也不愿意穿太多的衣服。他穿得很单薄，在屋子里玩耍，所以经常会着凉，爸爸妈妈都很担心他的身体健康。马克虽然不喜欢穿衣服，但是当夜晚来临的时候，他还是很愿意在温暖的被窝里酣然入睡的。妈妈不知道应该怎么做，才能够让马克喜欢上穿衣服。

从心理学的角度来说，孩子在一岁九个月前后，就会出现喜欢赤裸着身体来回跑的行为。实际上，如果是在炎热的夏天里，在自己家里，马克不愿意穿衣服也无伤大雅，可以买个非常肥大的跨栏背心给他穿上当睡衣。但是如果马克养成了不爱穿衣服的坏习惯，即使出门也不喜欢穿很多衣服，这样一则不利于身体健康，二则也不够雅观。

只靠着强迫的方式，让孩子喜欢穿衣服，坚持穿衣服，这当然是很难的。对于两岁多的孩子来说，道理简直就是一种奢侈品，所以父母要想让孩子改善，只靠着讲道理是不行的。要先改善孩子穿衣服的情况，可以采取一个卓有成效的办法，那就是避免孩子脱掉衣服。如何才能避免孩子脱掉衣服呢？两岁多的孩子脱衣服的能力并不高，如果父母把他们的衣服倒着穿，就是把前面穿到后面，后面穿到前面，这样纽扣就在孩子的后背上，孩子当然很难自己解开纽扣，把衣服脱下来。

如果这个方法也不奏效，那么父母还可以采取更为有效的方式，那就是用别针或者是用非常粗大的针脚，把孩子的衣服暂时缝起来。这并不会浪费父母很长的时间，也许只需要几分钟，却能有效阻止孩子脱掉衣服。

父母要了解孩子不喜欢穿衣服的原因。有些孩子不喜欢穿紧身的衣服，那么父母可以为他们准备宽松的衣服；有些孩子不喜欢穿长衣服，那么父母要为他们准备到膝盖上面的衣服，或者是一些短款的衣服；有些孩子不喜欢穿某种颜色的衣服，那么父母要买他们喜欢的颜色的衣服，这样他们就会对衣服产生浓厚的兴趣，也会从排斥穿衣服到喜欢穿衣服。

在一天之中的某一些特别的时刻里，父母也可以满足孩子脱掉衣服赤裸着身体来回跑的愿望。例如，在晚上准备洗澡之前，孩子脱光了衣服，在屋子里来回跑动一会儿，并无伤大雅，何不就让他这样自由一会儿呢？父母一定要仔细观察，看看孩子为何不喜欢穿衣服或者总是脱掉衣服，只有找到孩子行为背后隐藏的原因，才能够有效地帮助孩子解决问题。孩子每个行为的背后都会隐藏着一些特定的原因，父母不要对孩子的异常行为感到特别紧张和焦虑，而是要尊重孩子的身心发展规律,也要有耐心地对待孩子,才能够在孩子的行为背后挖掘出孩子深层次的心理原因,也才能有的放矢地帮助孩子解决各种各样的问题。

孩子总是与父母作对

说起女儿菲菲,妈妈特别崩溃。在菲菲小时候,妈妈觉得菲菲是天底下最乖巧可爱的女孩,是上帝赐给她的小天使,是她永远最美丽的小可爱。然而随着菲菲不断成长,现在菲菲已经两岁半了,妈妈对菲菲却总是怒目以对,尤其是在菲菲故意和妈妈捣乱,凡事都和妈妈对着干的时候,妈妈更是恨不得把菲菲塞回肚子里。

很多父母都发现,在孩子小时候其实是很容易教养的,然后随着不断成长,尤其是在两岁之后,孩子的自我意识越来越强,所以他们与父母的相处反而并没有小时候那么愉快了。这主要是因为孩子有了主见。两岁的孩子最喜欢说不,渐渐地,他们就喜欢提出自己的见解,不愿意按照父母的安排去做一些事情。面对一个处处和自己对着干的孩子,父母要如何去做,才能够更好地与孩子相处呢?

其实菲菲的妈妈还是很细心的。她发现了菲菲的特点,那就是故意与妈妈对着干。在这样的情况下,妈妈要想达到目的其实也很简单,那就是正话反说。从心理学的角度来说,两岁多的孩子因为自我意识的觉醒,他们开始把自己与外部的世界区分开来,最明显的表现就是喜欢唱反调。他们要想证明自己唯一的做法就是与父母的安排背道而驰,做父母反对的事情。如果父母能够把握孩子的这个特点,故意说一些话让孩子去做,那么就可以让孩子更"听话"。

这个方法虽然很有效,但是只能短期使用。如果爸爸妈妈每次都用这个方法,那么这个方法渐渐地就会变质。正是因为这个原因,所以很多妈妈在与孩子相处的时候,明知道故意和孩子说反话可以达到自己的目的,但是她们都不会轻易地使用这个方法。因为这就像是一个陷阱,不但困住了孩子,也会困住父母。

从心理学的角度来说,父母要理解孩子故意唱反调和父母对着干的原因,那就是他们想要维护自己的尊严,想要做出自己的选择。为了满足,孩子这样的心理需求,父母应该改变与孩子对话的方式,例如不要再对孩子下命令,因为下命令只会让孩子反感,而是可以让孩子自己做出选择。例如,询问孩子现在是否愿意吃一些水果,是否愿意喝一些牛奶,是否愿意和父母一起收拾玩具。这样一来,就给了孩子选择的自由,使孩子觉得他们受到了尊重。

父母给孩子选择自由的时候,其实也给自己留下了回旋的余地。如果父母给孩子下命令,而发现孩子不愿意执行命令,那么父母就会觉得很尴尬。征求孩子的意见则不同，征求孩子的意见意味着孩子可以表示拒绝或者反对。如果孩子不愿意做某件事情，那么父母就可以把这件事情略过，也不会影响作为父母的权威。所以，这种方式是让父母孩子都感到非常舒服的一种相处方式。

孩子不能与小朋友和睦相处

两岁半的莎莎是一个不折不扣的"小魔女"，朋友们都称她为"小魔女"，是因为她不管跟谁在一起玩，都会和对方发生矛盾，有的时候还会和对方打骂起来。她看起来温柔可爱，实际上攻击性是很强的，有一些小朋友正在好好地玩着游戏，只要莎莎一加入，马上就会变成对抗性游戏，非要争个你赢我输，结果就是两败俱伤，大家最终不欢而散。

时间久了，大家都不愿意和莎莎一起玩。莎莎常常觉得孤单，想要找小朋友们玩，但是又被小朋友们拒绝，自己本身也很苦恼。

很多父母都发现孩子会有很强的攻击性，在长大之后与人交往的时候，无法与人很好地相处。对于两岁多的孩子而言，与小朋友之间发生矛盾并不是一件多么稀奇的事情。这是因为孩子们都非常自我，在一起玩耍的时候，往往会站在自己的角度上考虑问题,所以很难把问题想得周到全面。尤其是在与其他小朋友发生矛盾和纷争的时候,不能站在他人的立场上考虑问题,不能设身处地地为他人着想,这就使得他们更加针锋相对,互不相让。

面对孩子不能与小朋友好好相处这个问题,作为父母应该先采取卓有成效的手段帮助孩子。例如,父母仔细观察,看看孩子在和小朋友一起玩的时候,和哪几个小朋友比较处得来,在孩子还没有提高人际交往能力的时候,父母可以让她先跟这几个小朋友在一起玩,渐渐地,等到孩子习惯跟小朋友在一起玩耍,也学会了与小朋友合作,那么可以引导孩子拓展人际交往的圈子,建立更多的人脉关系。

孩子之间相处,要保持微妙的平衡。例如,两个孩子在一块玩,能够玩得比较好。如果突然加入一个孩子,有三个孩子

在一起玩，那么在关系上就会打破平衡。如果其中两个孩子走得比较近，那么另外一个孩子就会觉得自己被冷落。在这种心态的影响下，孩子们就会拉帮结派，也许在短时间之内能够玩得比较开心，但是随着时间不断地延长，他们玩得就没有那么愉快了。

除了人际关系平衡被打破之外，孩子们在一起玩的时候，还会因为争夺玩具而哭闹。如今大多数孩子都是独生子女，即使不是独生子女，在家里也是被大人和父母宠爱着，所以他们往往会误以为自己是中心人物，哪怕已经离开了家中的环境，也觉得自己所有的愿望都应该被满足。在这样的情况下，他们会抢夺其他小朋友的玩具。也有一些两岁多的孩子还没有形成物权意识，他们想要获得一个东西的唯一标准就是觉得这个东西很好，他想要得到这个东西，而并不会想到这个东西是属于谁的。

了解了孩子们之间发生矛盾的根本原因，父母就可以有的放矢地解决问题。例如，当几个孩子在一起玩的时候，帮助孩子们制订游戏的规则，让孩子们能够有序地玩耍；再如，如果孩子们要同时分享玩具，那么就要让孩子们学会谦虚礼让。坚持这么去做，孩子们渐渐地就会形成玩耍的秩序，玩耍起来就会更加和谐友好。

对于两岁多的孩子而言，他们在人际交往中这么自我，这么固执，这么任性霸道，会导致人际关系堪忧。父母要帮助孩子认识到人与人交往必须和谐友好，相互谦让，这样孩子的表现才会越来越好。在家庭生活中，父母也不要骄纵孩子，使孩子任性霸道。因为如果孩子在家中养成了任性霸道的坏习惯，即使走出家门，走入同龄人的群体之中，他们也依然会有这样的表现。所以在家庭生活中，父母要引导孩子宽容礼让，能够设身处地为他人着想，能够谦让他人，这样孩子在人际交往方面才会表现得更好。

参考文献

[1] 韩国《柠檬树》编辑部.为2岁孩子必做的49件事情[M].杨俊娟,等译.北京:科学普及出版社,2012.

[2] 路易斯·埃姆斯,弗兰西斯·伊尔克.你的2岁孩子[M].北京:北京联合出版公司,2018.

[3] 鲁鹏程.3岁叛逆期,妈妈怎么办[M].北京:机械工业出版社,2016.